歴史文化ライブラリー

95

宮《みや》武《たけ》外《がい》骨《こつ》

民権へのこだわり

吉野孝雄

吉川弘文館

目次

戦中の外骨

宮武外骨とは何者なのか

謎の老人

昭和三十年（一九五五）七月二十八日の早朝、東京大学にほど近い、文京区駒込追分町三十番地の小さな家で、一人の老人が息を引き取った。老人の名は宮武外骨。慶応三年（一八六七）生まれで、その年八十八歳。妻の能子《よしこ》と、その妹母子に看取られての安らかな死であった。

若いときに実の子を亡くし、その後迎えた養女にも先立たれた老人は、妻の妹の子をとても可愛がっていた。甥にあたるその子は、伯母の能子とともに、長い間老人の看病にあたってきた。子供運のない老人にとって、孫のような少年のいる生活は、楽しくもあり、またとない気晴らしともなった。五歳の時に結核で父を亡くしていた少年もまた、外骨のことを、実の祖父のようにしたい、甘えていた。

少年が老人と暮らし始めたのは、死の二年前の春からであった。

「外骨」という名前は、そのまま音で「ガイコツ」とよみ、ペンネームなどではなく戸籍上の本名であった。家でも「ガイコツサン」とか、「ガイコツ先生」とか呼ばれていて、なんでも、東京大学の中に、明治時代の新聞や雑誌を所蔵する資料館をつくり、その館長をやっていた偉い人なのだという話であった。もちろん、つくったのは東京大学なのだけれど、このガイコツサンがいなければその資料館はできなかったわけだから、ガイコツサンがつくったといってもそう間違いではないということであった。しかし、東京大学とくらべてみて「ガイコツ」という名前はいかにも変だし、似つかわしくないと少年は思った。東京大学の厳《いか》めしさに対して、「ガイコツ」という名前はどう考えてもいかがわしく、だいいち人聞きが悪くて嫌いだった。

少年の名前は、吉野孝雄、本書の筆者である。

やがて、外骨の妻だった能子が亡くなり、小さな家と、夫婦の小さな墓が遺《のこ》された。大人になったばかりの少年は、子供のない外骨の相続人のような形となり、小さな家と、小さな墓を引き継ぐことになった。そして、変な名前の伯父が、いったい何者なのか調べるようになった。東京大学と「ガイコツ」の関係の不自然さが、その疑問の根底にいつもわだかまっていた。謎は深まるばかりであった。

新聞雑誌の保存館

東京帝国大学法学部の付属施設として、明治期の新聞・雑誌の資料館が設立されたのは昭和二年（一九二七）二月二日のことであった。名称は明治新聞雑誌文庫と称すること、場所は、赤門を入ってすぐの、史料編纂所下の半地下があてられた。宮武外骨が、そこの事務主任としての辞令を受けたのは、その月の二十八日のことである。以来、昭和二十四年（一九四九）九月に退職するまで、その資料充実と整理にあたった。六十歳から八十二歳までの二二年間に、東北地方から関西地方まで、資料収集の旅は続けられた。地方の旧家などに所蔵されている、古新聞が目的の旅である。東京帝国大学と大きくかかれたリュックを背負い、杖を片手にした和服姿のいでたちで、杖は時として釣り竿に変わることもしばしばであった。釣り好きの外骨は、趣味と実益をかねて、目的地の近くに手頃な川が流れているようなときは、資料収集の合間に釣り糸をたれてみるようにしていた。時には、釣り糸をたれる合間に、資料収集などということにもなった。遊び心がなければ、こんな気の遠くなるような仕事に没頭できるはずがなかった。

当時、新聞や雑誌に、学問的資料価値はない、というのが学会の見解であった。だから、明治新聞雑誌文庫を東京帝国大学に設置する話が持ち上がったときも、中央図書館や文学部は、資料館の付設に反対した。法学部に設置されたのは外骨と親しい吉野作造《よしのさくぞう》や、中田《なかだ》薫《かおる》、穂積重遠《ほづみしげとう》などの学者たちが、その資料的価値に気づいていたからである。地方の旧家や古本屋だけでなく、屑屋からも新聞紙を買い入れて、埃《ほこり》にまみれて選別作業をする姿を見て、まるで紙屑を集めているようなものだ、という陰口もささやかれたという。

最初、外骨が若いときから個人的に集めていた新聞・雑誌をもとにスタートした所蔵資料は、三年後の昭和五年（一九三〇）七月に所蔵目録の『東天紅』を発行する時点で、新聞・雑誌約四六〇〇種、関連図書五七〇種にふくれあがっていた。それはやがて、昭和十六年（一九四二）に『東天紅』第三編が編纂される時点で、新聞・雑誌の種類は七八〇〇種類にまで増加する。文字どおり、明治期を中心とする新聞・雑誌の宝庫となった。

外骨や吉野作造たちが、明治時代の新聞・雑誌などの資料を保存する必要を痛感したきっかけは、大正十二年（一九二三）に起こった関東大震災であった。関東大震災によって破壊されたのは、建築物ばかりではなかった。それまでさまざまな場所に遺されていた古い文化的資料が、一瞬のうちに燃え尽きてしまったのである。極端なことをいえば、日本という国が、過去につながる正確な記憶を、すべて失ってしまったといってもいいような大事件だったのである。当時は、新聞・雑誌は、発行のたびに、内務省の検閲をうけなくてはならなかった。皮肉なことに、それらの新聞・雑誌は、その目的とは関わりなく、完全な形で保存されたきわめて貴重な資料になるはずだったが、その、納入され保存されていた検閲本もすべて灰燼《かいじん》に帰してしまったといわれている。外骨たちは、各地に散在する資料を、すぐに収集して、保存しなくてはならないと思った。そして、広告取次業博報堂の創立者瀬木博尚《ひろなお》が、基金一五万円を東京帝国大学に寄付し、明治新聞雑誌文庫は設立されたのである。瀬木は青年時代からの外骨の友人で、昭和五年に博報堂は創立三十五周年を迎えることになっていた。その記念事業としての東京帝国大学への寄付であった。

宮武外骨が東京帝国大学と関係を持つようになったのは、大正十三年（一九二四）二月、法学部教授の法制史学者中田薫に頼まれて、法学部の嘱託となり、研究者のために古文書の解読を助けることになって以来であった。やがて同年の十一月、吉野作造、尾佐竹猛《おさたけたけき》、石井研堂《いしいけんどう》たちとともに明治文化研究会を創設し、その事業との関連の中で、明治新聞雑誌文庫が設立されたのであった。

ジャーナリスト外骨

それ以前の外骨は、奇矯の言動で世間に知られたジャーナリスト、明治の言葉でいえば、筆一本で世間を渡る「操觚者《そうこしゃ》」だった。明治十九年（一八八六）に、当時の「大新聞」（政論を中心とした有識者むけの新聞）をパロディにした『屁茶無苦《へちゃむく》新聞』でジャーナリストとしての道を歩みだした外骨は、明治二十二年（一八八九）二月に、当時発行していた『頓智《とんち》協会雑誌』に発布されたばかりの帝国憲法の条文と、憲法を下賜する天皇を描いた錦絵のパロディを掲載して、不敬罪として処罰され、三年八ヵ月の獄中生活を余儀なくさせられる。このことが、外骨のその後の人生を決定した。処罰した薩長の藩閥政府の独裁的な政治に対する反感を、諷刺《ふうし》と諧謔《かいぎゃく》、時には権力者の個人的な名誉を毀損《きそん》するほどの過激な言論でこき下ろした。そしてその後、ジャーナリストとしての生涯に筆禍で入獄すること四回四年あまり、罰金刑一五回、発行停止・発売禁止処分を受けること一四回という記録をつくった。

明治三十四年（一九〇一）に大阪で創刊した『滑稽新聞』は、宮武外骨が発行した数多くの新聞・雑誌の中で、もっとも成功した「雑誌」だった。月二回の発行で、現在の週刊誌のような内容のこの雑誌は、八年間の発行期間に最盛期の月刊発行部数約八万部を数える人気雑誌だった。外骨が生涯にうけた筆禍のほとんどが、この『滑稽新聞』の時代のものである。

二十世紀を迎えたばかりの商業の町大阪では、悪徳商人の横行、誇大広告の蔓延、そして、それを取り締まる当局者の腐敗と、それらを告発するジャーナリズムには記事のネタにありあまるほどの不正がはびこっていた。社会に自浄能力は乏しく、資本主義の繁栄がもたらす逸楽に満足した庶民は、不正に顔をしかめながら、豊かな腐敗となれ合って暮らしていた。外骨の『滑稽新聞』が槍玉にあげたのは、そうした社会の世相だった。『滑稽新聞』はそれを、雑誌表現方法のあらゆる手段を使って読者に訴えた。言葉の意味を手段にするのが普通の言語表現だが、『滑稽新聞』は、言葉の意味よりも、活字そのものが訴える視覚効果とか、タイポグラフィと呼ぶ、活字や版の組み方、漫画のようなイラストとか鮮やかな色彩の表紙絵など、時には古くなった印刷物そのものまでも表現の一手段としてしまうというような手法によって、当時の世相を諷刺し、批評し、からかい、罵倒した。意味として機能するはずの文字は、時としてその機能が無視され、使用されるシチュエイションのおもしろさとしてだけ使われたりする。そこでは、活字メディアの、考えられるあらゆる表現方法がすでに使われてしまったのではないかとすら思われるほどだ。文字が主であり、絵が従であるといったような関係はそこには存在しない。活字表現のあらゆる素材が、すべて等しい関係で用いられるというような、絶対平等ともいうべきアナーキーな世界がそこには展開されている。

権力との闘い

『滑稽新聞』が、そうした表現手段をもって告発した事件の主なものは、効果的な治療方法のない当時、不治の病と人々に恐れられていた、肺結核の特効薬の誇大宣伝を告発したインチキ売薬事件、商人の営業認可に伴う警察警視の収賄容疑事件、大阪府知事や僧侶の堕落、裁判所・検事局の不公平の告発などで、いずれの場合も、告発相手の似顔絵や、日常生活の些細《ささい》なことがらが取り上げられ、卑小化・滑稽化され、からかわれ、罵倒されている。最後には、告発することよりも、告発相手が『滑稽新聞』の表現の一素材となってしまい、表現そのもののおもしろさだけで記事がつくられていると思えるものもないわけではない。

やがて『滑稽新聞』は、その最盛期に、「自殺号」を出して廃刊してしまう。権力のご都合主義によってどうにでもなる裁判結果に腹を立てた外骨は、権力やそれにおもねる裁判官・検事などに対する悪口雑言をならべ立て、その結果、当然予想される発売禁止・発行停止を予想して、自ら「自殺号」と名付けて廃刊に踏み切ったのである。殺される前に自刃する武士の潔さを気取ったように見せかけながら、経営者としての冷静な判断がその背後に働いたのだろう。『滑稽新聞』のような過激なやり方が、いつまでも成功しつづけるはずはない。いずれは落ち目になるときがきっと来る。ならばいっそのこと、権力の弾圧を逆手にとって、『滑稽新聞』の名に恥じないようなやり方で廃刊し、世間をあっといわせてやる。外骨はそう考えたに違いない。

『滑稽新聞』発行中の明治四十年（一九〇七）に、外骨は、『滑稽新聞』の顧問弁護士たちを誘って、社会主義研究会を組織したことがあった。数々の筆禍裁判を通じて、法のありかたをはじめ、国家というものや社会制度などについて真剣に考えるようになっていた。折しも、二年前の明治三十八年にはロシアで最初のソビエトが結成され、世界的に社会主義の気運が高まっていた。仲間割れで社会主義研究会が解散したあとも、外骨は単独で資金を出し、『大阪平民新聞』（後の『日本平民新聞』）を創刊し、社会主義研究会の顧問として東京から招いた森近運平《もりちかうんぺい》に編集を担当させた。アイディアに溢れた新しい物好きの単なる諷刺ジャーナリストをどんどんと反体制の方向に向かわせたのは、皮肉なことに権力のそのものであった。

権力を滑稽化し罵倒するパロディの表現者からついに社会主義にまでいってしまった外骨は、身の危険を感じ始めたからだろうか、その後、『滑稽新聞』で稼いだ利益をもとに浮世絵の研究に没頭したり、かねてからの念願だった日刊新聞を創刊したりするが、いずれも営業的にうまくいかず、失敗し、せっかく稼いだ財産をすっかり使い果たしてしまう。もとの無一文に戻った外骨は、『頓智協会雑誌』を出していた頃住んでいた、懐かしい東京へと向かった。

「夜逃げにあらず昼逃げなり」という、負け惜しみともとれる言葉を残して東京にでた外骨は、「選挙違反告発候補者」を名乗って総選挙に出馬したり、普通選挙要求をスローガンとする政治結社を結成するなど、しだいに政治色を強めていった。そしてその中で、「民本主義」を唱え、当時の言論をリードしていた吉野作造と出会うことになったのである。そのことが、反体制の危険人物と目されていた宮武外骨を東京帝国大学に結びつけるきっかけとなった。

明治期の新聞・雑誌蒐集の意図

東大入りの謎

少年の頃に感じた「ガイコツ」という変な名前と東京大学の厳めしさとの不調和な感じは、その後に知った外骨の生き方の結末が、東京帝国大学の官吏になるという不自然さからうける感じと、おそらく同質のものだったろう。年譜的な流れとしては理解できても、今まで生きてきた、経験的な常識からは、理解不可能なことがらといわざるをえない。そんな危険な人物を、東京帝国大学が受け入れるはずがない、と考えるのが、一般人の常識というものである。しかし、その非常識が現実のものとなってしまったのは、当時の知識階級の懐の深さというか、リベラリズムとしては理解できる。

だが、不調和な感じや不自然さは、それだけでは解消しない。受け入れる側の問題としては、それで納得できても、受け入れられた側の問題が残るからである。いうまでもなく、外骨の生き方にかかわる、内面的必然性の問題のことである。

では、なぜ外骨は、それまであれほど執拗に批判しつづけてきた、薩長藩閥政府の知的中枢ともいうべき東京帝国大学の一官吏などになろうとしたのだろうか。年齢的な問題、経済的な問題、好きなことがやれれば立場などは無関係だという考え、現実的な解釈はいろいろとできる。しかし、少なくとも、福地桜痴《ふくちおうち》や徳富蘇峰《とくとみそほう》などのジャーナリストたちの変節を、生涯にわたって批判しつづけた外骨の態度から考えれば、自分の東京帝国大学入りを、変節だと考えてはいなかった、と見るべきだろう。桜痴も蘇峰も、二人とも権力批判の立場から、最後は政府を支持する言論へと転身をはかっている。だとすれば、反政府的なそれまでの外骨の生き方と、東京帝国大学の官吏となって、明治新聞雑誌文庫の仕事に余生を傾けたことの間に、必然的な一貫性があったはずである。それは何か。

その答えは、ほかならぬ、外骨自身が遺した、明治新聞雑誌文庫の存在そのものにあると考えられる。

新聞雑誌保存の意味

明治新聞雑誌文庫の二代目主任で、外骨の後継者だった西田長壽《たけとし》氏から伺った話だが、明治新聞雑誌文庫の所蔵資料を、外骨は当初、明治二十年代までのものに限ろうと考えていたらしい。つまり、自由民権期が終わる頃までの新聞である。商業化する前の、それぞれの政治的立場で、それぞれの主張を譲らなかった時代の新聞のことである。そうした新聞こそが本来の新聞の姿であると外骨は考えていたようなのだ。

現代もそうだが、商業新聞は、客観中立の立場での報道を目指している、というのが常識になっている。ということは、どちらかに偏らないということである。しかし、書き手に人格や個性というものがある以上、まったくの中立ということはありえない。仮に「立場としての中立は可能である」と、一歩譲ることはできても、人格や個性のでない文章ほど面白くないものはない。自分の考えからみて、共感できるとか、反発するとかいうことがあるから、他人の書いた文章を読むことが面白いのである。明白な客観的真実をゆがめるということが良くないのは当然だが、時代の相対的価値にしかすぎない事実や主張に対して、各自が信じる信念を述べてはいけないことはなにもないはずだ。

つまり、ジャーナリズムの原点は何か、ということを外骨は考えていたのだ。それを実物のまま、まるごと遺しておこうとしたのである。昭和二年（一九二七）といえば、大日本帝国が、中国大陸への野心を、いっそうあらわにしはじめた年にあたる。軍国主義が大手を振りはじめ、言論に対する締め付けはさらに強化されたに違いない。ジャーナリストとして、自由な言論を封じられた外骨が、その原点を長く後世に伝えようとしたのだと考えることができる。

もう一つの手がかりは、「新聞・雑誌」が伝えようとした記事そのものの内容にある。

同時代人の見た、時代のありのままの姿がそこでは伝えられている。たとえ、それが偏見にとらわれていても問題はない。何種類もの、ちがった立場の新聞記事を読むことによって、偏見は正され、逆に、時代や人物や事件の立体的な姿が見えてくるのだ。この方法は、中国の史書『史記』の紀伝体という歴史記述の方法論に似ている。ひとつの歴史的事件は、正反対の立場の人物にとっては、まったく違った意味を持ち、違った様相を帯びてくる。読者がそれを客観的に眺めたとき、そこからひとつの歴史的真実を読みとるのである。客観的真実は、書き手の「客観的」視点によって与えられるのではなく、さまざまな偏見を総合的に眺めることによって、読者がそこからつかみ取るのだ。書き手が、客観的中立の立場に立てるともし本気で思っているとすれば、それはとてつもなく思い上がった傲慢《ごうまん》な考え方であり、もし本気でないのなら、きわめて正義ぶった、鼻持ちならない詭弁《きべん》としか言いようがない。

外骨のもくろみ

「時代のありのままの姿を伝える新聞・雑誌を可能な限り数多く遺しておく」というのが、外骨のそもそもの目的であり、そのことの結果見えてくる歴史的真実を、外骨は後世に伝えようとしたのだ。時の為政者にとって都合よく書かれた歴史にはない真実を、新聞・雑誌の記事は、総体として伝えてくれる。外骨はそう考えたに違いない。

ただ、それをどこに遺しておくかが問題だった。外骨は最初、資料館を民間に創設しようと考えたといわれている。それを東京帝国大学内に設置しようとした発案者は、広告代理店博報堂の創業者瀬木博尚だった。実業で得た利益を国家に還元するというのが、当時の企業家にとってのモラルでありプライドだったのである。結果的に、その判断は正しかったといえる。第二次大戦の戦火の中、民間に設置すればどうなったか、東京帝国大学の中にあったからこそ、資料は、無事に手つかずのまま、新しい時代の手へと引き継がれることができたのであった。そして、その資料が戦後になって、近代史を見直す貴重な資料として、活用されることになったのである。

宮武外骨は、ジャーナリズムの原点とは何かということを、言葉で表現するのではなく、実物を遺すことによって後世に伝えようとしたのだ。そして、明治政府に対する毀誉褒貶《きよほうへん》を含めて、明治という時代のありのままの姿を、その時代の新聞や雑誌を遺すことによって伝えようとしたのだ。そのためには、自分がもっとも嫌いな、官僚の末端に位置することもいとわなかった。むしろそのほうが、資料の保存という点で安全だし、資料収集の時も、「東京帝国大学」というブランドは絶大な威力を発揮するに違いない。そこには、ジャーナリストとして、幾多の修羅場をくぐって生き延びてきた、外骨のしたたかで冷静な計算が働いていたことだろう。そしてそれは、結果的にも、最善の選択であった。

以前に、明治新聞雑誌文庫の書庫の内部を見せてもらったことがあるが、そこには、蒐集された新聞雑誌の膨大《ぼうだい》なファイルとともに、外骨自身が生涯にわたって出版・発行した新聞・雑誌、著作も収められている。書庫の一番奥の突き当たりにある朝日新聞社から寄贈された書架に、ひとまとめにして保存されている。総冊数約一〇〇〇冊、そのうち外骨自身の著述約九四〇冊。点数でいうと、単行本七三点、新聞・雑誌四四点、他人の著作や復刻の出版物三八点という膨大なものだ。

書庫の内部の様相は、見方によっては、外骨の著作物の棚を中心として、そのまわりを、明治・大正の新聞・雑誌が取り巻いているようにも見える。基本的な配置は、外骨の時代から変わっていないわけだから、書庫のレイアウトは、外骨の考えを反映したものだと考えることができる。つまり、自分自身の著作が中心で、それ以外の新聞・雑誌は、すべてその時代背景として置かれているとみることもできる。人を喰ったことが好きで、最後には東京帝国大学まで喰ってしまった感のある外骨だから、そのくらいの茶目っけを、最後の最後にやってのけてしまうことぐらい、朝飯前だったのではなかろうか。

自由民権と『頓智協会雑誌』

『頓智協会雑誌』創刊

操觚の夢

明治という時代は、男の生き方という点において、一言でいえば立身出世の時代であった。政治家、軍人、実業家として成功するのが男の夢でありロマンだった。学問や、文筆の世界でもそれは例外ではなく、若者は、高等教育をうけることによって、それぞれの道での成功者を目指して鎬《しのぎ》を削ったのであった。現代の受験競争社会にもその名残が残されているといえなくもない。人々は他人より社会的地位が高く、豊かな生活がしたいために、少しでも高い偏差値の学校に入ることを生き甲斐としているように見える。

立身出世をめざして、地方出身の若者たちは、新しい都となった東京へとむかった。外骨をなのる前の宮武亀四郎もそんな一人だった。慶応三年（一八六七）に、現在の香川県綾南《りょうなん》町の庄屋の息子として生まれた亀四郎（外骨）は、高松の私塾で学んだあと、東京にでて本郷春木町にあった進文学舎に学んだ。進文学舎は東京大学に入学をめざす若者たちの進学塾として知られていた。後に早稲田大学総長になった高田早苗《たかたさなえ》や、逍遙《しょうよう》坪内雄蔵などが講師をしており、森鷗外なども東京大学に学ぶ前に通っていた。おそらく、外骨が進文学舎に学んだのも、その後の進路についての両親や郷党たちの期待をうけてのことだったろう。しかし外骨は、その期待を、みごとに裏切ってしまう。

高松の私塾にいるときも、また、東京の進文学舎に学んでいるときも、外骨が夢中になって読みふけったのは、当時の新聞や雑誌だった。それも『団団珍聞《まるまるちんぶん》』や『驥尾団子《きびだんご》』といった滑稽諷刺《こっけいふうし》雑誌や、『朝野新聞』『東京新誌』『近事評論』などの反政府的言論を売り物とした民権派の新聞や雑誌だった。そして、それらを主宰する、野村文夫、成島柳北《なるしまりゅうほく》、服部撫松《はっとりぶしょう》、林正明などの操觚者《そうこしゃ》（ジャーナリスト）にあこがれた。自分もいつかは彼らのような操觚者としての道を歩みたい。だから、親のつけてくれた亀四郎という名を、亀は外に骨のある動物だという『玉篇《ぎょくへん》』という中国の辞書の記述から外骨と改め、戸籍上の本名にしてしまったのも、そんな気持ちのあらわれからだった。明治新政府の役人や政治家の多くが、明治維新を推進した薩摩や長州出身者でしめられていたように、操觚者の多くは、薩摩や長州に批判的な立場の人たちだった。言論がいきおい反政府的な色彩を帯びてくるのは当然のなりゆきだった。その影響をうけた外骨が、反体制的な言論人として活躍しはじめても不思議はなかった。

ジャーナリストとしての出発

宮武外骨が、『頓智協会雑誌《とんち》』を創刊したのは、明治二十年（一八八七）四月一日であった。四月一日は、エープリル・フールの日にあたっているが、はたしてそれを意識して、洒落としてその日に創刊したのかどうか定かではない。しかし、同年同月二十四日付の『郵便報知新聞』にエープリル・フールの解説記事がでているから、当時の東京人のうち、多少なりとも新しいものに関心を持つ者は、エープリル・フールをすでに知っていたと考えられ、まったく無意識にその日に創刊したとは考えにくい。

創刊にさきだって外骨は、「頓智協会」というものを組織し、その設立広告を八月十四日付の『東京日日新聞』午後版に出している。その内容は、次のようなものであった。

美玉も琢磨《たくま》せざれば光輝を発せず利剣も砥礪《しれい》せざれば断割に適せず（古い々ゝ）、本会は一名活機転用学校と称《い》い、専《もっぱ》ら時に応じ変に臨んで利用すべき頓智を発育養成す

るを主義とし、広く会員を全国に募集す。（中略）右は今八月中に必ず開設しさらに
全国諸新聞紙をもって詳細広告すべし諸君乞う賛成且《か》つ加入あらんことを
この広告から約二年後に創刊された『頓智協会雑誌』の内容は、この広告中に書かれているように、「古今和洋にて頓智を利用せし偉人の事蹟を談論互議し、或《あるい》は言語文章現物の三箇に就《つい》て突然意想外なる新案問の出題を考慮せず直ちに応答する等のことをなす」というような内容のものであった。「古今和洋にて頓智を利用せし偉人の事蹟」は、日本をはじめとして、遠く中国、イギリス、アメリカ、ギリシャ、ローマ、オランダ、ドイツ、イタリア、インドなどに及んでいる。文明開化の人々の好奇の眼は、広く海外に対して向けられていたのだ。

設立当初の「頓智協会」は、東京、京橋区宗十郎町七番地に置かれていた。ここは、外骨の次兄南海の住所にあたる。南海は、幼名を嘉平次といった。外骨より一年早い明治十七年に上京して、東京学館という、国語・漢文・算術・簿記などの通信学校を開設して成功していた。郷里の讃岐から上京した外骨は、当初兄の嘉平次のもとに身を寄せ、東京学館を手伝いながら、頓智協会の設立をはかったのであった。設立広告の中にある「活機転用学校」という発想は、兄の東京学館を手伝っているうちに湧いたアイディアだったかも

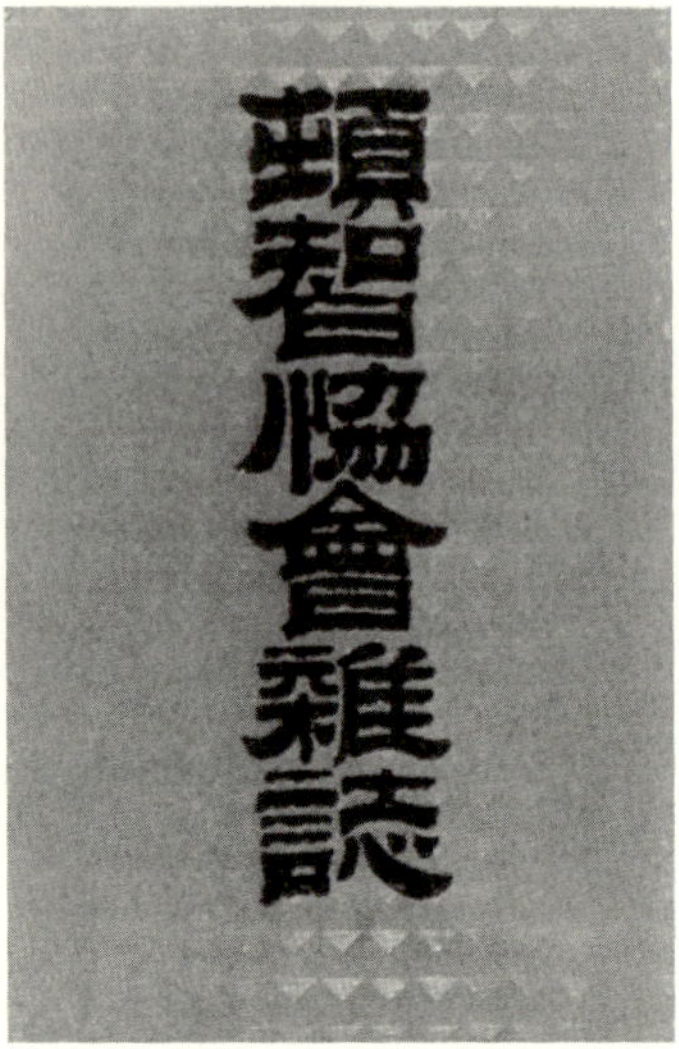

図1 『頓智協会雑誌』創刊号

しれない。

一攫千金

創刊された『頓智協会雑誌』は、月二回、一日と十五日の発行で、定価は一〇銭であった。現在の米価に換算すると約一〇〇〇円くらいの金額ということになる。ちなみに、同じ年の八月に京都で創刊された『反省会雑誌』（『中央公論』の前身）の定価三銭とくらべてみても、わずか三〇ページそこそこの雑誌の定価としては、少々高すぎる気がしないでもない。

月二回のふれこみで出発した『頓智協会雑誌』は、創刊早々から、発行のサイクルが守れなくなり、一五号までは月一回、一日に出たり十五日に出たりで、きっちりと月二回のサイクルで刊行されるようになるのは、一六号以降になってからである。定価が高かったり、刊行日が一定しなかったり、それでも創刊号を四〇〇〇部も売った『頓智協会雑誌』は、好評のうちに二八号まで刊行を続けた。二八号にまつわるある事件さえなければ、もっと刊行の回数はのびたに違いない。現在でこそ、四〇〇〇部の発行部数はたいした数ではないが、一〇〇〇部売れれば大成功といわれた時代に、その四倍を売った二十一歳の発行人には、濡れ手で粟《あわ》の大金が転がり込むことになった。そんな様子を、外骨は後年次のように回想している。

神田駿河台へ移転した後、図らずも国許の母から二十五円の金を送って呉れたので、その金を銀座の読売新聞社へ『頓智協会雑誌』第一号の印刷製本料として払込み、新聞紙上へ出す広告料も無いので、出来上がりの冊子を風呂敷に包み、それを下げて、東京市内のあらゆる雑誌店へ預け売りとして託した、それが大当たりで元値一冊二銭五厘の物を七銭で卸したのであるから、千部で四十五円の利益、その金で再販三版の大景気、一ヶ月二十円あれば雇い人二三人を置いて楽に生活のできる時代に、毎月二三百円の収入があるので、よからぬ遊蕩根性が勃発して、妾を置く外、一ヶ月間に二十回以上の吉原行、収入の全額を使い果たしてマダ足りないほどの乱行であった。
（『自家性的犠牲史』昭和六年四月）

『頓智協会雑誌』をめぐる群像

頓智協会の人々

創刊号から一〇号までの表紙は、青・緑・赤などの原色の地紋のある西洋紙に大きく隷書で『頓智協会雑誌』と縦《たて》に墨書されたもので、きわめて現代的なデザインである。明治二十年代（一八八七〜九六年）の本屋の店頭にならべられた様子を想像しても、さぞかし人目を惹いたものだったに違いない。その題字は、外骨の遊び仲間で、当時の東京で版下書家として有名だった久永《ひさなが》其穎《きえい》が書いたものだ。其穎は本名を廉三といい、『時事新報』など多くの新聞雑誌の題字を書いたことで知られている。久永はそれで得た月に数百円にものぼる収入を、ことごとく酒と女に使い果たしたといわれるほどの遊び人であった。

『頓智協会雑誌』の表紙のデザインは一一号から変わり、一五号までが『頓智協会雑誌』と彫られた石碑の前に立つ洋装の紳士と淑女の絵、一六号から二四号までが「頓智嬢」と称する洋装の美女の絵、二五号ではそれが洋装の「頓智郎」の絵に変わり、二七号では「題頓智郎肖像」という題の漢文になり、最終号では、それがまたもとの「頓智嬢」の絵に戻されている。

表紙のデザインが一一号から変わった理由のひとつは、久永其穎の書いた題字のうち「協会」の「協」の字が「恊」の字になっていておかしいということを、学習院大学教授の肩書きを持つ会員から指摘されたためだ。「協」の字と「恊」の字は、もともとは別字だが「恊」は「協」の俗字としても用いられるので、まったくの誤りとはいえないのだが、指摘をうけた外骨は、当時刊行されていたドイツの社会学関係の学理を紹介した『独逸協会雑誌』の「協」の字が、やはり「恊」になっている事実をあげて弁明し、同時に一一号から表紙絵をかえ、題字の「恊」の字を「協」の字に改めたのだった。読者のさまざまな意見を誌上に紹介し、反論すべきものには反論し、納得できるものは素直に受け入れるというのが、外骨流のやり方であった。その態度は生涯変わらなかった。

『頓智協会雑誌』のスタッフとして、確実に名前が判明している人物が二人いる。挿画家の安達吟光《あだちぎんこう》と印刷人として名を連ねている徳山鳳洲《ほうしゅう》だ。安達は、『頓智協会雑誌』第四号に掲載の会員名簿に「東京府京橋区南八丁堀　画工　安達吟光」として名前が見えるが、当時、新聞の挿し絵画家としてわりと知られた人物で、本名は平七、もとは松雲斎銀光と称していた。外骨とは『牽強府会《けんきょうふかい》傍聴筆記』『絵入広告新聞』の挿画担当者として、すでにいっしょに仕事をした仲であった。徳山鳳洲は、関ヶ原近くの寺の息子で、『頓智協会雑誌』の創刊から四号まで奥付に持主として署名している人物だが、五号からは外骨が持主になり、徳山は印刷人として名が記されている。それ以外の詳しい経歴はよくわからない。

　会員組織としてスタートした『頓智協会雑誌』は、同誌の二四号の記事によれば、協会員四四〇人、うち除名者一〇人、退会者二人とある。おもなメンバーは次のような人々であった。

　滑稽諷刺雑誌『団団《まるまる》珍聞』編集長の田島象二《しょうじ》、同じく記者の渡辺望、天狗煙草《てんぐたばこ》で知られた岩谷松平《いわやまつへい》。岩谷は、銀座に新しく開かれた煉瓦《れんが》街に赤い天狗の面を看板にした煙草屋の創業者として、当時、東京の名物男だった。最後の戯作者といわれ、新聞記者としても知られた仮名垣魯文《かながきろぶん》、後に香川県会議長となった外骨と同郷の政治家である小西甚之助、やはり同郷の親友で、後に千葉大学医学部の創設にかかわった長尾折三《せつぞう》（藻城《そうじょう》）、人情噺《ばなし》や芝居噺で名人といわれた落語家の三遊亭円朝、英国人落語家として一世を風靡《ふうび》した快楽亭ブラック（ハーレー・ブラック）、『朝野《ちょうや》新聞』社主の磯部節《せつ》、同じく社員の横山雅男・池田忠五郎・中村千太郎・臼井喜代松、『朝野新聞』をはじめ『国会』『万朝報《よろずちょうほう》』の記者を歴任した三木愛花《あいか》、立憲改進党の党員で、代言人（弁護士）として著名だった丸山名政《なまさ》などである。『団団珍聞』や『朝野新聞』は、かつての外骨の愛読紙、いずれも明治新政府をからかった反政府的諷刺が売りものの新聞・雑誌である。それに、立憲改進党系の人物が多いのも特徴といえよう。

ほかに、会員ではないが、当時「春の舎《や》おぼろ」とも名乗った坪内逍遙《つぼうちしょうよう》が七号と九号に「頓伝《とんでん》」を連載し、九号には漢学者の依田学海《よだがっかい》が「寓意諧談」と題する小文を寄稿しているのが注目される。

逍遙と学海の出会い

逍遙坪内雄蔵はこの頃、明治十八年（一八八五）から十九年にかけて、写実主義の小説理論を述べた『小説神髄』や、その理論にもとづいた実験的小説『一読三歎《いちどくさんたん》 当世書生気質《とうせいしょせいかたぎ》』を発表して世に知られていた。一方の依田学海は、それまで奉職していた文部省少書記官の職を退き、歌舞伎劇の改良を目的とした演劇改良会に参加して、退官後の余生を演劇改良運動に捧げる決心をしていた。演劇改良会は、明治十九年に、末松謙澄《けんちょう》の提唱によって生まれた啓蒙団体で、それまでの庶民の娯楽の対象だった歌舞伎を、上流階級の鑑賞に堪えうる西洋風の高尚な演劇に改良することを主張していた。そうした西洋追随の表面的な改良案に対して、高田早苗や森鷗外などが厳しく反論し、坪内逍遙も、「演劇改良会の設立を聞いて卑見を述ぶ」を書き、改良会の皮相な改良論を批判していた。

演劇改良に余生をささげる依田学海は、そんな坪内の言動に注目していた。明治十九年（一八八六）五月十四日の日記に、学海は坪内の書いた『内地雑居　未来の夢』を読んだ印象を次のように記している。

この日、坪内雄蔵が著す所の未来の夢を読みたるに、筆力きわめて高し。余いまだその人を見ざれども、後来小説家の名人たるべき人物なるべし。

このように高く評価した坪内を、学海にひきあわせた人物が、ほかならぬ『頓智協会雑誌』主筆の宮武外骨であった。

『学海日録』の記述を追ってみると、そのいきさつは次のようであった。

明治二十年十一月二十八日、（中略）頓智協会会長、愛媛県人宮武外骨来たりて、その著すところの頓智雑誌四巻をおくらる。

外骨はこの時までに『頓智協会雑誌』七号を発行、そのうちの四号までを初対面の名刺がわりに学海に贈ったのだ。学海の記す「愛媛県人宮武外骨」は誤りではない。明治二十一年（一八八八）十二月三日に香川県ができるまで、外骨の郷里讃岐は愛媛県に所属していた。

同年十一月三十日　晴、風寒し。宮武外骨来たりて頓智雑誌の題辞を求む。よって、一言利人、庁語救急、機智所発、鬼驚神泣としるして与えき。余この人が春のやおぼろと号する坪内雄蔵を知るというによりて、紹价を求めたり。雄蔵も余を見んよし伝えられたり。

この日の外骨の訪問の目的は二つあった。『頓智協会雑誌』の題辞を書いてもらうことと、坪内が学海に会いたがっているということを伝えることである。

同年十二月一日　晴、坪内雄蔵来る。小説の談いとおもしろし。

十一月三十日に学海に揮毫《きごう》してもらった題辞は、十二月一日発行の第八号の巻頭を飾っている。ほかにも学海は、第九号に「寓意諧談」と題する漢文を寄せているが、学海の日記は、そのことについてはなにもふれていない。

坪内は、「頓伝」を二回『頓智協会雑誌』に連載したあと、洒落之門《しゃれのもん》主人という男とともに『頓智協会雑誌』の助筆者になるという広告が同誌に出ているが、その実現の有無については、確証がない。

この時期、かなり近い位置にいたと思われる坪内と外骨の結びつきのきっかけは何であったのか。明治十四年（一八八一）にはじめて上京した外骨が、本郷春木町の進文学舎に学んだとき、英語の講師として、高田早苗や坪内雄蔵がいた。あるいはその時に年下で学生の立場の外骨が、先生である坪内に接近するかたちで最初の親交が結ばれたのかもしれない。自由民権という平等で明朗な時代の空気の中で、新しい価値を求める若い情熱の求心力というものが、独創者たちの心と行動を結びつける、もっとも強い絆だったのではなかろうか。

「大日本頓智研法」発布

帝国憲法発布

その後、時が流れ、創刊から約二年が経過した明治二十二年（一八八九）三月四日、その年の二月二十八日に二八号を出したばかりの『頓智協会雑誌』は、次のような内容の発行停止通達をうけた。

頓智協会雑誌発行人　　宮武外骨
明治二十二年二月二十八日発行の頓智協会雑誌二十八号は治安に妨害あるものと認め自今発行停止の旨その筋より達《たつし》ありたるに付き此旨《このむね》相達す
但《ただし》該誌冊を差押へ且《か》つ未配布の分は発売頒布を禁止せられ候に付発売所並《ならび》に発売人へも其旨《そのむね》通達す可《べ》し

明治廿二年三月四日　警視総監折田平内

明治二十二年二月十一日、紀元節の日をえらんで、大日本帝国憲法が発布された。明け方にはからりと晴れ上がったものの、前夜来降り積もった大雪の中、憲法発布を祝うさまざまな式典が繰り広げられた。宮中では、顕官《けんかん》貴紳《きしん》、各国の外交官などを集めて、憲法発布の式典が行われた。町では、三社と明神と山王の三つの祭りが一度に訪れたような数の山車《だし》が繰り出すほどの騒ぎで、皇居の桜田門に押し寄せた群衆が将棋倒《しょうぎだお》しになり、二人の圧死者まで出る始末であったという。玉座の天皇が憲法を下賜する光景や、祝典のさまざまな情景を描いた錦絵も売り出された。

しかし、発布された憲法の内容は、それまで憲法の発布と国会の開設を要求してきた自由民権論者をはじめとする人々を十分に満足させるものではなかった。帝国憲法発布にさきだって起草された試案である立志社の「日本憲法見込案」では、基本的人権の確立、国会第一主義、府県知事の公選などがうたわれ、植木枝盛《えもり》の試案「東洋大日本国々憲案」では、主権在民、革命の自由の保障まで盛り込んだ先進的な内容のものであった。よく知られたように、主権在民は現在の日本国憲法に、革命の自由は現在のアメリカの憲法に盛り込まれている内容である。

帝国憲法の発布にむけて、自由民権論者たちを取り締まるために制定された保安条例で東京を追われ、大阪で『東雲《しののめ》新聞』を発行して政府批判の論陣をはっていた中江兆民《ちょうみん》は、憲法の内容と、それを無批判に祝う国民の姿を、次のように嘆いたといわれている。

吾人《ごじん》賜与《しよ》せらるるの憲法果たして如何《いかが》のものか、玉かはた瓦か、未だその実を見るに及ばずして、まずその名に酔う、我が国民の愚にして狂なる、何ぞかくの如くなるや

と。憲法の全文到達するに及んで、先生（兆民のこと—引用者）通読一遍ただ苦笑するのみ。

自由党の板垣退助《たいすけ》は手放しで憲法の発布を喜び、また、改進党の大隈重信《おおくましげのぶ》は、不十分な憲法の内容を認めながらも「さのみ不服をとなうべきではない」と演説したといわれている。

大日本頓智研法

そんな騒ぎの中、帝国憲法の発布から一七日後の二月二十八日、『頓智協会雑誌』二八号は、「大日本帝国憲法発布の勅語」と帝国憲法の条文をもじった、「研法発布の囈語《げいご》」、「大日本頓智研法」の条文を掲載し、巻頭の口絵に天皇ならぬ「骸骨《がいこつ》」が、憲法ならぬ「研法」を下賜する図を掲げたのである。御名御璽《ぎょめいぎょじ》のかわりに宮武外骨の名、憲法第一条の「大日本帝国ハ万世一系ノ天皇之ヲ統治ス」のかわ

図2　『頓智研法』下賜の図

りに、「大頓智協会ハ讃岐平民ノ外骨之ヲ統轄ス」と書き、続けて憲法の条文に対応させたパロディの「研法」の条文を書きつらねた。

この挿画と「大日本頓智研法」の条文が、政府批判に神経をとがらせる当局の忌諱《きい》に触れ、『頓智協会雑誌』は発行停止処分に追い込まれたのである。『頓智協会雑誌』のほかにも、『東京公論』『朝野新聞』『絵入朝野新聞』『日本人』、大阪の『新世界』、富山の『富山日報』などが帝国憲法を批判して発行停止処分になっている。当時の『郵便報知新聞』などにそのことが報道されているが、『朝野新聞』の記事を追うことによって、『頓智協会雑誌』筆禍の経過を見てみることにしよう。

三月六日付

○発行停止　頓智協会雑誌第二十八号は治安に妨害ある旨を以て、一昨日其筋より発行停止せられ、未配布の分は発表頒布を禁ぜられたり。尚《な》お会主宮武外骨氏は、昨日東京軽罪裁判所検事局より召還されたる由。

翌日の三月七日、発行人の外骨と画工の安達吟光、署名印刷人の徳山鳳洲の三人に拘留状が発せられ、警視庁監獄本署、通称鍛冶橋《かじばし》監獄に拘留される。翌八日、東京軽罪裁判所で予審が行われ、「宮武外骨の所為は刑法第百十七条に該し」、アイディアは外骨のものでも、事実上挿画を描いたということで安達吟光にも同罪が適用され、印刷人の徳山鳳洲には幇助罪が適用されることになった。

刑法一一七条（旧）とは、いわゆる不敬罪のことで、「天皇三后皇太子ニ対シ不敬ノ所為アル者ハ、三月以上五年以下ノ重禁錮ニ処シ二十円以上二百円以下ノ罰金ヲ附加ス、皇陵ニ対シ不敬ノ所為アル者亦《また》同シ」というものであった。以後この事件は、不敬罪事件として扱われることになる。

二八号に当該記事を掲載するにあたって、外骨は原稿を検閲官の所に持ち込み、掲載についての可否を打診している。問題はなかろうということで掲載に踏み切ったのだが、それが不敬罪ということで告訴されたのだ。まさか不敬罪ほどの重罪になるとは思わなかったにせよ、もしかしたら危ないという考えが、あらかじめ外骨にあったわけである。その経緯について、外骨は『公私月報』の中で、次のように回想している。

（前略）最初原稿を持って警視庁へ行き、役人某に掲出の可否如何《いかん》を伺ったのであるが、差支《さしつかえ》なしというので掲載したのである。これが刑事上の問題となって予等が喚問《かんもん》を受けることになった際、右の某が予の宅へ来て「ワタシが掲載しても構わないというた事は裁判所で述べない事にして下さい、述べられると、ワタシは免職になるから」との哀求、予はその哀求を納《い》れて始終具陳しなかった。（下略）

不敬罪で有罪

取り調べも済んで、四月に入り、不敬罪事件は公判をむかえることになる。再び『朝野新聞』の記事。

四月十七日付

○不敬罪事件　頓智協会宮武外骨、徳山鳳洲、安達吟光三氏の不敬罪事件公判は、掛官判事宮武徳山両氏の弁護人は林和一氏安達氏の弁護人は高梨哲四郎氏にて、今十七日東京軽罪裁判所にて開廷の処、高梨氏の都合に依り来る二十二日午前九時に延期せり。

四月二十四日付

○不敬罪　頓智協会宮武外骨氏他二名の不敬罪事件の公判、一昨廿二日午後四時四十分終結し、本日午前九時宣告の由。

記事とは違って、実際に判決が出たのは四月二十五日のことであった。

外骨と徳山鳳洲の弁護にあたった林和一は、明治十五年には東京代言人組合会長に選出されたほどの著名な代言人（弁護士）で、明治十四年に結成された自由党の結党以来の党員でもあった。外骨は林のことを「明治の一大頓智家」として尊敬し、『頓智協会雑誌』一号に「林和一君伝」を掲載して敬意を表している。また、安達吟光の弁護にあたった高梨哲四郎もまた著名な代言人の一人で、桜鳴《おうめい》社を率い『東京横浜毎日新聞』の社長でもあった沼間守一《ぬまもりかず》の実弟にあたる。沼間はこの時東京府会議長をつとめていた。高梨は兄とともに改進党員で、腰まで垂れる長髪をなびかせて、炯々《けいけい》たる眼光を放ち政談演説する姿に惚れぼれしながら、外骨もその演説を「再三聴い」ている。高梨は、その長髪を毎朝鶏卵三個で洗っているという噂であった。明治二十三年（一八九〇）に開設された帝国議会で、赤服の粟谷品三、結髪の芳野世経とともに長髪の高梨哲四郎として名物男だった人物である。

帝国憲法を揶揄《やゆ》して不敬罪になった雑誌の弁護を、自由党と改進党の大物代言人が弁護することになったわけだから、この裁判のなりゆきに人々の注目が集まったのは当然の結果であった。

裁判が開かれた翌日の『朝野新聞』は判決を次のように伝えている。

○不敬罪事件宣告　頓智協会編集人兼発行人宮武外骨氏画工吟光事安達平七氏印刷人徳山鳳洲氏等は、明治二十二年二月二十八日発行に係る第二十八号挿画欄内へ、同年同月十一日宮城に於いて行わせられたる憲法発布式場に模擬し、其正面玉座の上に骸骨を図したる等は天皇に対し不敬の処為なりとて、昨日東京軽罪裁判所にて宮武氏は刑法第百十七条第百二十条に照らし重禁錮三年罰金百円監視一年に、安達氏は同一年同五十円同八ヶ月に徳山氏は同十ヶ月同三十円同六ヶ月に処せられたり、尚ほ三氏共控訴するよし。

控訴した結果、やがて五月二十七日に東京控訴院での判決が出て、結果は当然のように「原裁判を取り消すべき理由なし」ということで原裁判が認可されてしまう。最初の判決では、骸骨が「研法」を下賜する図だけを有罪原因としていたものを、この控訴院での判決では、「研法発布囈語」までも不敬罪の構成要素として追認されるというおまけまでつくことになってしまった。

大審院で争う　外骨ら三人はこれを不服としてさらに控訴。事件はついに大審院（現在の最高裁判所）の法廷まで持ち込まれることになった。代言人はそれまでの林和一のほかに新しく丸山名政《なまさ》が加わることになった。丸山は、林とともに当時の代言人の中でも著名な一人で、代言人になる以前は改進党結党以来の党員として、『東京横浜毎日新聞』の記者をはじめ民権派の各紙誌の記者として活躍していた。

控訴審で外骨側が主張したのは、おもに次の四点であった。

(1)　頓智研法下賜の寓意画には天皇に対するいっさいの悪意を含んでいないこと。骸骨は天皇を寓意したものではなく、骸骨と音が類似することによる外骨の寓意であること。事実「頓智協会雑誌」中にも二八号発行以前にすでに外骨を寓意する骸骨の絵を数回掲載していること。

(2)　帝国憲法発布を機に日本国民はあげて千載一遇《せんざいいちぐう》の大典を慶祝しようと、各自思いおもいの趣向でその祝意を表明した当時なので、自分は頓智研法発布式と研法発布囈語を発行誌に掲載して祝意を表したのであること。

(3)　最初、新聞紙条例違反で取り調べを受けたのだとすれば、五月三十日付で発行停止解除の通達があったということは、該当の寓意画は発行届けに違反していないと認められたということではないのか。だとすれば、原裁判が以上を理由に不敬罪の証拠としているのは不当であること。

(4)　研法発布囈語については二八号発行前にすでに印刷済みになっていて、これをたずさえ警視庁第三局に出頭のうえ掲載の可否を尋ねたところ、不敬罪にはならないが、あるいは発行停止があるかもしれないので掲載を見合わせたほうがよいといわれ、そのつもりで印刷所に行ったところすでに製本ずみであった。やむをえずその全文は取り消し扱いとしたが、寓意画は塗抹の手間を省いてそのままにしておき、次号でその旨広告すればよいと考えてただちに発行頒布した。警視三局で不敬罪とは認められないとしたものを、原裁判が不敬罪の証拠としたことに不服であること。

たしかに『頓智協会雑誌』二八号の、「研法発布囈語」と「頓智研法」を掲載した見開きのページの右肩には「本項取消し」の朱印が捺《お》してある。寓意画と「頓智研法」はともに帝国憲法発布を祝賀したものであり、天皇や憲法に対する悪意がないこと、担当の警視庁第三局が問題ないとした点を根拠として、不敬罪の証拠とすることの不当性が、簡単にいえば外骨側の主張であった。しかし、あるいはまずいことになるかもしれないという危《き》惧《ぐ》が、二八号発行の時点ですでに外骨側にあったということも、これらの主張から読みとれる。『頓智協会雑誌』は、いわば、処罰覚悟のすれすれの賭《かけ》に出たのであった。

権力が厳罰で対処する方針でのぞんだ裁判において、被告側が敗訴する例は、歴史上枚挙にいとまがない。

「其論疏《そのろんそ》する所到底上告の材料と為すに足らざるものとす」ということで、十月二十五日に判決が出た。外骨は、重禁錮三年、罰金一〇〇円、監視（釈放後、住居移転を禁じ、警察官が行動を見守る、という旧刑法上の規定）一年。安達吟光は、重禁錮一年、罰金五〇円、監視八月。徳山鳳洲は、重禁錮一〇月、罰金三〇円、監視六月。原裁判どおりの判決で、刑が確定した。時に宮武外骨二十二歳、安達吟光三十六歳、徳山鳳洲二十四歳であった。米価で単純に換算すると、一〇〇円は現在の約一〇〇万円に相当する。『頓智協会雑誌』発行の時に資金を提供したように、外骨の実家の母親が、一〇〇円を支払ったのだろうか。

それにしても、三年の重禁錮は予想以上に重罪であった。やがて三人は、隅田川河口にあった石川島監獄の獄中の人となった。

入獄が外骨にもたらしたもの

筆禍雪冤祝賀会

後年の昭和九年（一九三四）九月、外骨はすでに六十八歳になって、東京帝国大学の嘱託として、明治新聞雑誌文庫の資料集めに奔走していた頃、明治文化研究を通じて親しかった大審院判事の尾佐竹猛《たけき》から、井上毅《こわし》が伊藤博文《ぶみ》にあてた「検察官並《ならび》ニ警察官ノ弊害」と題する意見書を見せられた。その一節に、『頓智協会雑誌』の筆禍にふれた部分があったからである。それは次のような内容のものであった。

其《その》取調べを掌《つかさど》る吏属其人を得ざるが為め、事を尊大に取り為に謂《い》われなき獄を起し、到底政府の信用を墜《おと》すより他あらざるの結果を生ずること常なるに在りとす。其の例を挙ぐれば、頓智協会雑誌記者が不敬罪を以て告訴せられたる事件の如き、実に抱腹に堪《た》えざることと言わざるを得ず。

外骨が筆禍にあった明治二十二年当時、伊藤博文は枢密院議長として憲法以下諸法の審議の指導に当たっており、枢密院書記官長で法制局長官だった井上毅はいわばその腹心の部下として明治政府の諸法の整備を担当していた。外骨の「頓智研法」は、その二人が起草した憲法を愚弄したとして、二人が整備した法律により処罰されたのだから、いまさらなにを言うのだといいたくなるが、その当事者が、検察と警察の不手際を認めたわけだから、外骨の不敬罪は当局の勇み足で、冤罪《えんざい》であったことがこれで証明されたようなものであった。発見者の尾佐竹猛の発起で、その年の十月十一日に、日比谷公園松本楼に友人知人が集まり、盛大に『頓智協会雑誌』の筆禍雪冤《せつえん》祝賀会が開かれたのであった。

獄中出版

石川島に入獄した外骨は、重禁錮刑であるにもかかわらず、典獄（署長）大浦泰のはからいで、国事犯や準国事犯の扱いをうけて、桃や柿を植えた草花畑のある広い庭つきの一二番檻という別棟の第六房に収監された。憲法発布の大赦令で出獄した星亨《とおる》や片岡健吉などが収監されていた部屋である。典獄の大浦泰という人は薩摩の出身者で、重禁錮刑であるにもかかわらず労役に服そうとしない外骨に対して、体の調子を気遣ったり、読書の便宜をはかったり、共犯者である安達や徳山との交流を認めたり、寛容の態度でのぞんだ。やがて外骨は、そんな大浦典獄の温情にほだされるかたちで、獄中にあった活版工場の校正係として労役に服することになる。当時、東本願寺が発行していた『法話《のりのはなし》』などの宗教雑誌がこの石川島の獄中で印刷されていたが、それらの校正作業を外骨は担当した。

しかし、ただおとなしく労役に服してばかりいないところが外骨のただ者ではないところである。獄中とはいえ、ここには紙もインクも印刷機もある。出版に必要なありとあらゆる機材がそろえられている。外骨の出版者魂がむくむくと頭をもたげはじめた。ここの機材を使って、獄中出版ができないものか。

アイディアはさっそく実行に移された。名付けて『鉄窓詞林《てつそうしりん》』。発行に先立って、まず発行広告を印刷する。それは次のようなものであった。『鉄窓詞林』は、月一回の発行で、「在囚諸氏現時の感想に成れる詩賦を収録して内々発行するものなり○毎号主として宿題に応じたるものを掲げ傍《かたわ》ら題外のものをも載す○投吟者へは毎号進呈す○第一号は来る四月一日発行」、そして発行所は〝石川島獄中苦楽部〟、発行人は〝蔵六逸史〟。「蔵六」が亀の異名であることから、幼名の亀四郎にちなんだ外骨の雅号である。

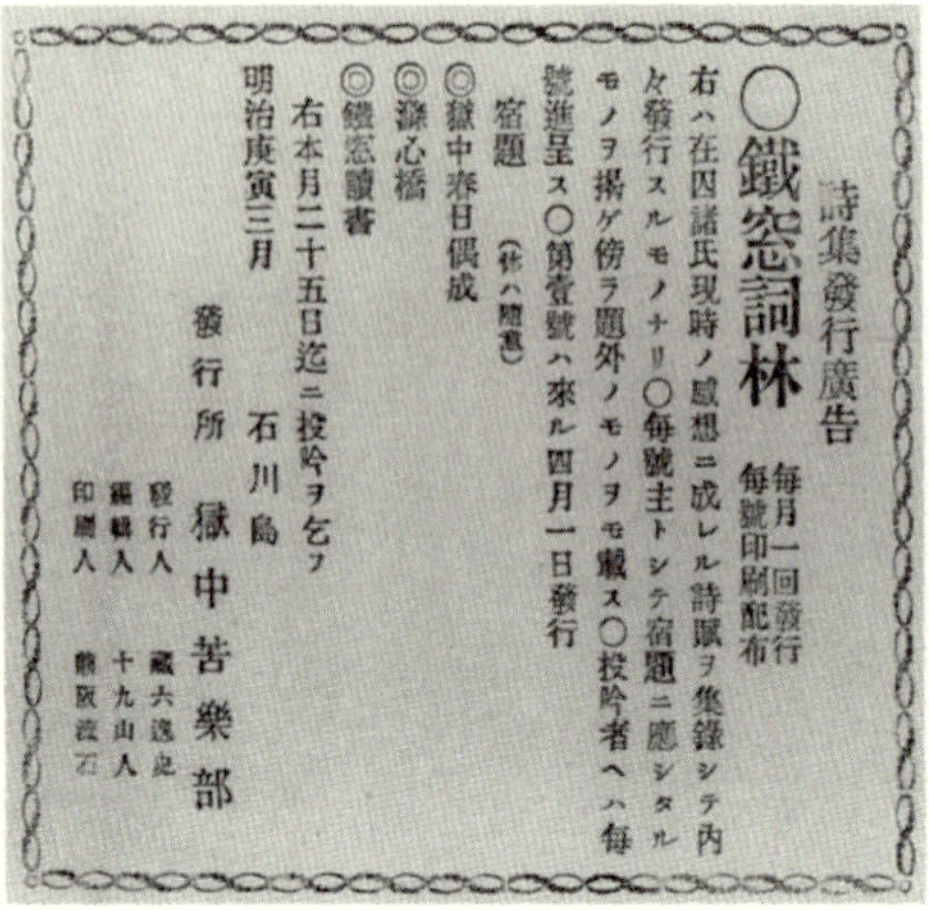

図3　『鉄窓詞林』

広告の印刷に成功し、それを獄中に配布したところで、たちまち発見されて印刷物は没収、首謀者の外骨は、活版工場から製本工場へ放逐されてしまったため、詩集の発行は不可能になってしまった。

だが、よく考えてみると、発見されればそれでおしまいになることがわかっていながら、なぜあらかじめ広告など出したのか、不思議といえば不思議である。発行予定日の四月一日がエープリル・フールであることを考えると詩集などはじめから出す気がなかったのではないだろうか。とにかく印刷物を獄中で発行することが目的だった。それが詩集であろうが詩集の発行広告であろうが構わない、というのが外骨たちの最初からの思惑だったと思われる。当時、国事犯として入獄中だった講釈師の伊藤痴遊なども、この『鉄窓詞林』発行広告の一件に積極的に協力した一人であった。

反体制言論人の誕生

獄中出版が、無聊《ぶりよう》を慰めるひとつのスリルに満ちた方法だったとしても、三年という無為の月日の退屈をしのぐ手段にはなりえない。外骨が獄中から兄の南海に宛てた手紙には、しばしば「御贈与の論理学書九冊心理書一冊は昨廿日正に頂戴《ちようだい》仕《つかまつり》候《そうろう》」とか、「心理学書の類新《あらた》に出版有之《これあり》候《そうろう》節《せつ》は如何《いか》なるつまらぬものにても残らず御贈与奉願《ねがいたてまつり》候《そうろう》是れ望蜀の一に候」などの言葉が見られるが、獄中で外骨は、兄から差し入れてもらった書物を貪るように読みふけった。流行性感冒にかかって病檻に移されたときも書物を持ち込んで離さなかったという。社会主義者の大杉栄《さかえ》は「一獄一語」と称して、入獄のたびに新しい外国語をマスターしたといわれている。監獄ほど読書に適したところもないかもしれない。外骨の親友で医者の長尾藻城《そうじよう》は後に、監獄は外骨にとっての大学で、「彼の思想の円熟と学問の素養は入獄ごとに非常な加速度で増進した」とも、「精神修養の大道場だった」とも語っている。外骨はこの石川島入獄中に、論理学書・心理学書・哲学書などを読みあさった。このことはやがて、出獄後に発行する『文明雑誌』の中に生かされることになる。

後年外骨は、第二次世界大戦後の昭和二十六年（一九五一）に、『毎日情報』記者のインタビューに答え、『頓智協会雑誌』筆禍事件での入獄体験を次のように振り返っている。

この事（入獄―引用者）がなかったならば、単なる天性流露、直情径行の楽天主義者、穏健な諷刺ジャーナリストとしておわったかもしれなかったのに、このことあって以来、余は藩閥官僚政治の専断横恣は断じて許すべからずと感じ、新聞に雑誌にこれを極力攻撃し、藩閥官僚と連なる資本家の悪辣《あくらつ》さに就いても仮借なき筆誅《ひっちゅう》を加えてきたのであった。

余は往々にして、近世における奇人の一人として世に知られているようであるが、その一資格は、明治政府によって与えられたようなものである。

政府の必要以上の厳罰の方針が、結果的にまことにやっかいな反体制言論人を作り出してしまうことになった。正義感はまだしも、反権力とか、イデオロギーとか、思想とかの観念が人を動かす言論をつくるのではない。気質とか感覚とか、個人的体験に裏付けられた怨念のようなものが、人の一生を突き動かす力となるのだ。そして、人を感動させる言葉を生む。

本人が語ったように、『頓智協会雑誌』二八号筆禍事件は、当局の思惑とは裏腹に、その後の言論人宮武外骨の活動のエネルギーを燃焼させる起爆剤としての役割を果たすことになったのである。

『滑稽新聞』の闘い

石川島出獄後の外骨

宮武外骨が石川島監獄を出獄したのは、明治二十五年（一八九二）十一月十二日のことであった。未決収監をふくめ、三年八ヵ月の年月が経過していた。

獄中での構想実現へ

翌年の三月、獄中で読みあさった心理学書・哲学書・論理学書などの知識を生かして、『文明雑誌』を創刊する。出獄後を考えて、獄中でひそかに練っていた構想を実現したもので、『心理雑誌』『頓智雑誌』『美妙雑誌』『道徳雑誌』の四つの雑誌をひとつにまとめた奇抜な内容のものだ。

当時の代表的な新聞のひとつである『時事新報』には「理論を説くかと思えばたちまち

奇言を吐き、絵画を挿むかと思えば続いて自伝あり、一風変わりたる奇妙の雑誌」であると評され、また、巌本善治の『女学雑誌』では、「分り切ったる事を殊更六《ことさらむつ》かしく説明する所面白し、亦《また》きまり切ったる意味を異様に説を変ゆるところ面白し、意外の例と、意外の引抄とをなし、殆《ほと》んど無学なりやと思わする所面白し」と評され、この年の一月に北村透谷や島崎藤村らによって創刊されたばかりの『文学界』第三号では、「此の誌を読むは外骨を読むなり、（略）一種異色ある好雑誌の世に出でたるを喜びて紹介するものなり」と、好評をもって迎えられたものの、『時事新報』が評したようにあまりにも「奇妙」すぎたためか、思うように売れず、創刊号を出しただけで廃刊してしまう。創刊即廃刊。外骨の雑誌の中で創刊号がそのまま廃刊号になってしまうものが、全部で一七点あるが、この『文明雑誌』は、そのもっとも早い時期の一点である。

廃刊後の九月から翌年の一月にかけて、外骨は、当時の代表的出版社であった春陽堂から、三種類の書物をつづけて出版している。日本古来の英雄・豪傑・奇人・烈士などの伝記をまとめた『古今名誉実録』は七巻まで続刊され、『頓智協会雑誌』などに掲載した西洋の奇譚を集めた『舶来智恵袋』は再版三版を重ねる好評で、続刊として、日本編の『本朝知恵袋』が出された。明治十八年には坪内逍遙が『当世書生気質』『小説神髄』を、外骨が『古今名誉実録』などを出す前年の二十五年には森鷗外の名訳『即興詩人』がこの春陽堂から出され、明治二十七年（一八九四）に出版した尾崎紅葉の『金色夜叉』はたちまちベストセラーとなって、一気に春陽堂の名は天下にとどろいた。翌々年の二十九年に再刊された『新小説』は長く文壇の登竜門としての権威を保ちつづけたのであった。こうした興隆期にあった春陽堂からの求めに応じて三種類つづけて本を出版したということは、そのまま、当時の外骨の知名度や期待の高さを物語っているといえよう。『頓智協会雑誌』やそれによる筆禍、そして出獄後に出した『文明雑誌』が、いかに当時の人々の注目を集めていたかがよくわかる。

次々と雑誌を創刊

こうした勢いに乗って外骨は、明治二十八年（一八九五）から三十二年にかけて、『頓智と滑稽』『骨董雑誌』『骨董協会雑誌』を次々と創刊していった。

『頓智と滑稽』は明治二十八年五月に創刊、一号から七号までが外骨の編集で発行され、八号以降は別人の編集である。署名上の編集兼発行者は、一号から三号までが京橋区紺屋町一番地の瀬木博尚《ひろなお》となっている。瀬木博尚は広告代理店博報堂の創業者で、外骨とは終生の友人だった人物だが、博報堂が日本橋本銀《ほんしろがね》町で創業したのがこの年の十月六日だから、その創業以前にこの『頓智と滑稽』は創刊されたわけである。瀬木が四号から署名編集発行人をおりたのは、博報堂創業に専念する必要上からだったのだろう。

この雑誌は、内容的にもタイトル的にも、先の『頓智協会雑誌』と、後の外骨を代表する雑誌の『滑稽新聞』をつなぐものとして注目される。外骨のユーモア溢れる滑稽趣味と、うんちく話のバランスがうまくとれた、いかにも外骨風の雑誌である。

『骨董雑誌』は明治二十九年、さらに翌々年創刊された『骨董協会雑誌』の二つは、その名のとおり骨董を専門に扱う雑誌である。おそらく日本で最初の専門雑誌だったと思われる。会員には、百錬と号した日本画家の富岡鉄斎や、やはり日本画家の川崎千虎《せんこ》・久保田米僊《べいせん》、東京美術学校教授の今泉雄作などがいた。外骨は『骨董雑誌』の創刊に先立ち、政府から「道具書画刀剣古着古本袋物煙草時計営業」の認可をうけていた。骨董屋と古本屋、それに煙草屋と時計屋を開業することのできる資格を得て、本格的に骨董の世界に入る覚悟をしたのだ。

骨董愛好家の情報誌的な内容で、骨董を袋物・古銭・祭具・武器・図書・雑品に分け、珍品の紹介・評価、さらには古今の骨董関係の文献、骨董家の紹介などをかなりまじめに取り上げている。それまでの頓智とか滑稽といった要素は、どこにも見あたらない。ひたすら生真面目に古いものに沈潜していく外骨の姿には、後の新聞・雑誌の蒐集に精魂を傾けた姿の片鱗を見てとることができる。しかし、というよりも、だから、売れ行きはあまり芳しいものではなかった。

台湾へ逃亡

外骨自身の言葉によれば、『骨董雑誌』は、「我邦に前例の無い骨董専門の雑誌、喘ぎながら十二冊発行したものである」、また、『骨董協会雑誌』は、「骨董雑誌の不成功にも懲りず、再挙を計ったのであるが、これも四冊発行で四千円余の損失、予定の如く東京を去って台湾行」というように、惨憺《さんたん》たる結果におわってしまったのである。

『骨董協会雑誌』の創刊に先立って、前年の大晦日、外骨は瀬木博尚の博報堂に取り次ぎを頼んで、東京の各新聞に『骨董協会雑誌』の全面広告を出した。広告料は一五〇円。それも払えない。もちろん印刷屋への支払い、紙屋への払いも払えない。あわせて四〇〇〇円あまりの未払い金を残して、外骨は日本をあとにして台湾へと向かった。はやい話が逃亡である。台湾で金を稼いで、借金を返済する――そんな思惑もあったことだろう。

台湾で外骨は、養鶏業を営みながら再起の機会を待った。匿名で、現地の新聞・雑誌に投稿するかたわら、カーボン複写の『台北新報』と題する個人通信紙をつくって、手紙がわりに内地の友人知人に発送した。獄中で出版を企てる。逃亡中も通信紙を発行する。好きな新聞・雑誌の発行から、片時も離れられない。新聞・雑誌の発行は、いまや外骨の日常生活の一部であり、そのまま現実を生きることの意味でもあった。

『滑稽新聞』創刊へ

福田友吉との出会い

宮武外骨が、大阪で『滑稽新聞』を創刊したのは明治三十四年（一九〇一）一月のことであった。台湾に逃亡してから一年九ヵ月後のことである。台湾をあとにしたのはこの年の二月。一度対馬の厳原《いずはら》に立ち寄り、しばらく静養の後、郷里の讃岐に帰り、その後大阪での再起を期したのである。

大阪に現れた外骨は、しばらくの間、石版絵を背負っての行商をやったり、『大阪新報』の広告取りをしたり、名を伏せて印刷所に出入りして校正をやったりして生活を支えていたが、その校正の腕を見て、これはただ者ではないと見抜いた男がいた。京町堀通り四丁目で福田堂《ふくでんどう》という印刷屋を営む福田友吉《ともきち》であった。福田は、死亡年から逆算して推定すると、慶応元年（一八六五）、大坂の生まれで、『滑稽新聞』創刊の時点で外骨より三歳年長の三十八歳。明治二十年（一八八七）頃より大阪で印刷業を営み、『滑稽新聞』創刊の頃には電輪八台を有する市内屈指の印刷所であったという。大阪築港事務所発行の『沈海日乗』、大阪監獄本署発行の『監獄月報』、大阪硫曹会社機関誌の『新農法』をはじめ、月刊誌二四種類の定期印刷を請け負っていた。

浄瑠璃を語るのが趣味で、備前焼の陶工として有名だった永見陶楽の長女小竹を妻としていたが、小竹との間に子供がなく、小竹の妹の子である武雄を三歳の時に養子として迎えている。明治二十一年（一八八八）に生後一年三ヵ月の長男天民を死なせていらい子供のなかった外骨には、福田との間にそんな共通点もあって、より親しみを感じていたのかもしれなかった。福田は、昭和九年（一九三四）三月二十九日に七十一歳でなくなっているが、養子武雄の結婚式に外骨を招待するなど、晩年までその親交は絶えなかったという。

当時の大阪の新聞界

『滑稽新聞』が創刊された当時の大阪の新聞界は、中之島に本社を置くかつて池辺三山《いけべさんざん》を主筆に擁した『大阪朝日新聞』と、小松原英太郎が社長をつとめる『大阪毎日新聞』がその勢力を二分していた。『大阪毎日』は小松原の前、若き日に『郵便報知新聞』の記者をしていた原敬《はらたかし》がその三代目社長であり、六代目が、後の『東京日日新聞』（現在の『毎日新聞』）の社長になった本山彦一である。『大阪朝日』の池辺三山は明治三十一年（一八九八）以来東京駐在となって大阪を去り、今では『東京朝日』の主筆となっている。一方『大阪毎日』の原敬のほうは、立憲政友会が創設されると同時に、井上馨に引っ張られて政治のほうに方向転換していた。もともと陸奥内閣の時に外務次官の経験がある原は政治畑の人間だったのである。現在の三大紙といわれる新聞のうちの、二紙までが最初大阪で創刊されたという事実は面白い。それだけ大阪がジャーナリスティックな町だったということか。

『朝日』は論説を主とした国権主義の新聞であり、『毎日』のほうは、大阪財界の重鎮である松本重太郎、藤田伝三郎などが背後にいたこともあって、実業界に一日の長があった。勢力を二分していたといっても、それぞれに購読者層が違っていたし、発行部数においても、紙面の充実という面においても、『朝日』が『毎日』を一歩も二歩もリードしていたようである。

それらの二紙以外には、かつて外骨が広告取りをしていた『大阪新報』があった。この新聞は、原敬が『大阪毎日』の社長時代に主筆だった山田敬徳を社長にすえて創刊させたもので、明治三十六年に原敬が自ら社長に就任してからは、事実上政友会の機関紙といってよかった。だから、内容的にも、発行部数の点でも、『朝日』『毎日』には遠く及ばなかった。

『滑稽新聞』好評

新聞というタイトルがついていても、『滑稽新聞』は今日のような形態の新聞ではなくて、A４判で通常は二〇ページ、五日と十五日の月二回発行の雑誌形態の新聞である。巻頭に論説があり、ニュースが中心で、雑報もある。今日の週刊誌が、隔週に発行されたものと考えればいい。ニュースも雑報も庶民が関心を持ちそうないわゆる三面記事的な内容のものがほとんどである。しかしそれが下品に流れることがなく、通俗的ななかにもそこはかとないセンスの良さを感じさせる誌面になっている。

図４　『滑稽新聞』144号の表紙

「威武に屈せず富貴に淫せずユスリもやらずハッタリもせず」「天下独特の肝癪《かんしやく》を経《たていと》とし色気を緯《よこいと》とす」

「過激にして愛嬌あり」というのが『滑稽新聞』の方針だから、自然とそれが誌面づくりに反映されているのだ。それまでの新聞や雑誌にはない特色を持つ新聞、社会の不正を最後まで滑稽に筆誅しつづける新聞、しかも今までにない表現のスタイルをもつ個性ある新聞が作りたいというのが、創刊にあたっての外骨の抱負であった。常に新しいスタイルの新聞や雑誌をつくっていなくては気が済まないのである。

『滑稽新聞』創刊号は、発売と同時に大変な人気で、初版は発売後わずか二日で売り切れ、再版三版は約二週間でなくなり、四版を刷ろうという勢いであった。福田堂は、以前から請け負っている定期印刷物の印刷に滞りを生じ、得意先からの矢のような催促に追われていた。

風俗壊乱で最初の筆禍

「肝癪《かんしやく》と色気」が売りものの『滑稽新聞』が、その肝癪の筆をふるいはじめて最初の筆禍をうけたのは、その色気のほうの筆によってだった。

『明星』をからかった記事

創刊間もない四号の、読者の投稿欄「浮世寸誌」というコラムのなかの、東京礫川《こいしかわ》・悪口道人の「詞壇の淫風」という投書が当局の検閲にひっかかったのである。

●詞壇の淫風　東京の詞壇には与謝野強幹といふ助倍野郎が淫風を吹かして居る迷星と云ふ雑誌を読んだ人は承知であらうが一ツ二ツ並べてみれば

まくり上げて早く〇てきみ〇てよ君
　ふりすてますかどぶに落ちしを

妾はもう〇〇ますが〇〇ますか
　まだ〇かなくて〇くツてよきみ
妾の歌は卑猥に見えますか
　似足らずや直せよくツてよ君

如此（かくのごとく）「〇てきみ」、「ますか」、「みづから」、「たらずや」等が彼奴の特色なりとす。

与謝野強幹とは、いうまでもなく鉄幹のことだが、『滑稽新聞』四号が出た同じ明治三十四年四月に、何者かの手によって出された「文壇照魔鏡第一―与謝野鉄幹」という怪文書によると、鉄幹が妻を売り、強姦を働いたということになっている。鉄幹は当時、山川登美子や鳳晶《ほうしょう》（与謝野晶子）との恋愛からやがて妻滝野を離別、弟子の鳳晶と結婚するというスキャンダルの渦中にあった。

また、ちょうど一年前の四月に鉄幹によって創刊された文芸雑誌の『明星』は、与謝野晶子の歌に代表されるような女性解放をうたった恋愛至上主義的な詩歌が多く掲載され、そのため当局の検閲は厳しく、二枚の婦人裸体画を掲載した八号が発売禁止処分を受けていた。性表現をタブー視していた世間の人々の評判は決してよいものではなかった。「詞壇の淫風」の投書も、こうした鉄幹や『明星』への世間の評価をそのまま反映して、からかったものにすぎなかったのである。

ずさんな警察

ところが、その投書を掲載した『滑稽新聞』が、新聞紙条例の「治安ヲ妨害シ又ハ風俗ヲ壊乱スルモノ」と認められて告発されたのだ。

それほどの記事とも思えず、納得できない外骨は、警察部の高等課長を訪れてただしてみたところ、「詞壇の淫風」は発売禁止になった『明星』の記事を転載したものだから告発した、という答えだった。

投書の歌は、『明星』から転載したのではなく、「かくてなほあくがれますか真善美わが手の花は紅よ君」といったような晶子の歌の言葉や調子をまねてつくった戯作の歌である。そんなことも知らずに処分しようとしたのか。おまけに、『明星』をまだ見たことがないので、貸してもらえないかという。とぼけているのか、人を喰っているのか、ばかばかしさに呆《あき》れて帰宅すると、今度は、同じ号の「拈華《ねんげ》微笑《みしょう》」という記事が「風俗壊乱」ということで告発された。「宗教新聞」と題した一ページが、半分破れたように印刷されていて、中に僧侶が若い娘の手を握ろうとしている挿画があり、破れかかった新聞の部分的な活字をひろって読むと、「坊主抱いて寝りゃ真から可愛い」と読めるという他愛ない記事である。

いかに他愛ないものとはいえ、検閲制度をからかったようなやり方が、当局の神経を逆なでしたのだ。

「社会ノ善良ナル風儀習俗ヲ攪乱スル記事」だとして、「猥褻ノ新聞紙ヲ発行スル」ことを禁じた、新聞紙条例第三三条に違反しているというのだ。大阪地方裁判所の判決は、署名発行人岡田辰次郎を罰金二〇円に処すというものであった。たいした額ではなかったが、金額の問題ではない。冗談の投書で有罪にされたのではたまったものではない。判決に不服ということで控訴するが、棄却されてしまう。『頓智協会雑誌』の時もそうだった。最初に結論があっての裁判である。結果ははじめからわかっていた。「相手がその気なら、こちらも遠慮はしない」ということで、意趣返しのようなかたちで、『滑稽新聞』の検閲制度や裁判に対する闘いがはじまった。

過激にして愛嬌ある闘いの日々

扱った事件の数々

『滑稽新聞』が発行期間の八年間に扱った記事はさまざまあるが、結核特効薬の「肺労散」攻撃、西警察署のユスリ刑事告発事件、明治三十六年（一九〇三）三月に大阪で開かれた第五回内国勧業博覧会の報道記事、その際に会場近くの四天王寺が、博覧会の来場者めあてに鋳造した一五八トンの大鐘が割れているのではないかという疑惑についての探訪記事、大阪市内の河川での巡航船営業認可にともなって、水上警察署の警視が収賄したのではないかという、荻警視収賄容疑事件、大阪府知事高崎親章収賄容疑告発事件、『滑稽新聞』の第三種認可を認めない大阪郵便局長町田重備攻撃事件などがその代表的なものであった。

滑稽新聞社は、そのたびに、嫌がらせをうけたり、検事局から告発され、発売禁止や、ある時は発行停止、罰金刑になったり、関係者が入獄したり、それこそありとあらゆる筆禍をうけながら闘いつづけた。荻警視収賄容疑事件の時に、外骨が有罪判決をうけて、四五日間入獄したのをはじめ、『滑稽新聞』を手放すまでの約八年半の間にうけた筆禍は、罰金刑一六回、外骨を含む関係者の入獄五回を数えるというすさまじさであった。

遊びのある表現

しかし、『滑稽新聞』の記事となってあらわれたそれらの事件は、すさまじいというよりは、そのタイトルのようにユーモアにみちた「過激にして愛嬌」あるものであった。たとえば、結核特効薬の「肺労散」告発事件では、その薬を誇大広告で売る薬屋の主人を、誌上でさらし首にして、毎号のように執拗に掲載しつづけたり、ユスリ事件の告発の時には、ユスリというゴチック活字を大量に特注して、記事の中にことさらに使ってアピールしてみたり、大阪郵便局長攻撃事件では、郵便をあらわす大〒マークを中心に、テの字ではじまる、町田重備を罵倒する言葉を二〇以上もならべて攻撃するなど、イラストや言葉あそび・文字あそびを駆使した、ユニークなものであった。正攻法で、正論でもって相手を追いつめるのではなくて、相手の不正を冗談とユーモアでもってやりこめることにより、攻撃対象にもいわば三分の利を与えて、逃げ場を用意しておく闘いのやり方である。相手がもし過ちを認めれば、結核特効薬の事件の時のように、誌上で〝特赦〟を与えて許してやることもあったのである。

『滑稽新聞』が扱ったのは、そうした不正の告発事件ばかりではなかった。時には上品に、また時には少し下品なお色気溢れるイラストや挿絵、文字を分解して絵を組み合わせて表現した文字絵のようなもの、印刷活字の、いわゆる約物《やくもの》と呼ばれる活字（各種の記号など）を使って表現した絵、木版の版木をなにも彫らずに真っ黒く印刷して、闇夜を表現してみたり、○○を多用して、いかにも伏せ字だらけのように見せかけて、実は伏せ字は一ヵ所もない怪しげな論説や、数字を一からただならべただけの論説、果ては、白紙で、なにも書いていない論説など、人の意表をつく表現にみちたビジュアルな記事もまた、他の新聞にはまねのできない『滑稽新聞』の大きな特徴のひとつであった。

斬新な表紙と販売方法

そうした人を飽きさせない奇抜な内容の魅力のほかに、書店などの店頭に並べられたときに人目を引きつける表紙絵もまた『滑稽新聞』の魅力のひとつだった。創刊号から六八号までは写真版の表紙、そして、六九号から最終号までは、石版刷りの原色版の表紙になっていた。写真版やグラビア印刷が日本に導入されたのは明治二十六年（一八九三）のことで、オフセット印刷の導入は同三十七年

（一九〇四）になってからのことだといわれている。しかし、写真版の表紙をもつ雑誌が一般に売られるようになるのは大正時代になってからのことである。『滑稽新聞』が、写真版の表紙をもった、日本でもっとも早い雑誌のひとつであったことは間違いない。六九号からの原色版の表紙絵にしても、浮世絵をベースにした斬新な意匠のもので、その鮮やかな色彩とあいまって、見る人が思わず手に取ってみたくなるような魅力を持っている。

こうして、創刊以来好評のうちに読者に迎えられた『滑稽新聞』だが、それには、その斬新なスタイルや内容もさることながら、滑稽新聞社の営業政策の斬新さに負うところが大きかった。読者が待ち遠しくなる頃に刊行される月二回の刊行サイクルや、二〇ページ立てという読み切るのにちょうど手ごろな分量の厚さ、文字表現だけでなくしゃれた意匠の挿画をふんだんに盛り込んだビジュアルな誌面構成など、現代の雑誌にもまれな新しいおもしろさが、今から一〇〇年も昔の読者の心をつかんで離さなかったのは当然といえば当然の話なのだが、営業的な面で『滑稽新聞』の成功をささえたのが、創刊と同時にはじめられた梅田駅をはじめとする各駅での「呼び売り」であった。当時、梅田駅などでの販売を一手に仕切っていた達磨屋《だるまや》という店を取り次ぎとして、弁当や牛乳とともに「弁当ー牛乳ー滑稽新聞」と、駅で売り子が呼び売りする販売形式がとられたのであった。

このような駅での月刊雑誌の呼び売りは、『滑稽新聞』が日本で最初にはじめたもので、駅で売ることにより、大阪という一地方を発行所とする『滑稽新聞』は、列車を媒介として日本各地に広められ、自身が広告の媒体となって、販売部数を飛躍的にのばしていったのである。

発行部数八万部

明治四十一年（一九〇八）八月二十八日付『東京朝日新聞』の記事「出版界の趨勢（下）」には、当時の『滑稽新聞』の発行部数について、「少し俗悪な物だが大阪の『滑稽新聞』は毎月七万部乃至六万五千を印刷する相だ」と報じられている。ちなみに同紙によれば、当時の代表的な文芸雑誌である『文芸倶楽部』が三万八五〇〇部で、文芸雑誌としてはもっとも発行部数が多く、『文章世界』がそれにつづいて二万部、『新小説』が九〇〇〇部、『ホトトギス』が七〇〇〇部、『早稲田文学』や『新潮』などはわずか五〇〇〇部以下の発行部数であった。現代でもよく名の知られた『東京パック』でさえ九〇〇〇部だった時代に、『滑稽新聞』の七万部という数字はそれこそ別格の発行部数であったことがよくわかる。

外骨自身が後年発行した『スコブル』誌上で、『滑稽新聞』の発行部数を回顧しているが、それによると、最盛期の発行部数は八万部であったという。むろん月単位のもので、多少の誇張はあるにしても、八万部といえば、当時の大新聞の発行部数にも匹敵しようという数字である。それゆえ『滑稽新聞』に対する当局のチェックは厳しさを増し、「過激にして愛嬌」ある記事が次々と告発されたことも納得できるわけだ。発行部数の多い『滑稽新聞』の影響力の大きさというものを、当局は無視するわけにはいかなかったのである。

『滑稽新聞』のスタッフたち

米屋の息子

滑稽新聞社の組織は、『滑稽新聞』の記事によれば、発行部・編集部・広告部・告発部・意匠部・通信部の六部に分かれていたと書かれている。しかし、関係者の証言によれば、組織のようなものは実際には存在せず、主筆小野村夫《おのむらお》、あるいは村夫子《そんぷうし》を名乗る宮武外骨を中心に、助筆者・画工・探訪記者など、ほんの数名のスタッフで運営されていたようだ。しかも、本名が判明しているスタッフは数名にすぎず、あとは、ペンネームしかわからない投書家ともスタッフともつかない人たちが、入れ替わり立ち替わり出入りしては協力していたものらしい。小野村夫とは、外骨が香川県綾歌《あやうた》郡小野村の出身であることから名乗った、『滑稽新聞』時代のペンネームである。

印刷を担当した福田友吉以外に、『滑稽新聞』のスタッフとして本名がわかっている人物は、三好米吉、溝口駒造（白羊）、板橋菊松、森近運平の四人である。

なかでも、外骨の助筆者の立場で、その右腕としてもっとも長期間にわたり活躍したのが、「幽蘭」あるいは「幽蘭女子」、時には「何尾幽蘭」（何を言うらん）のペンネームで誌上に登場する三好米吉であった。明治十四年（一八八一）十二月に江戸堀下道一丁目百十五番屋敷の米屋の息子として生まれた三好は、『滑稽新聞』創刊の時点で満二十歳、「幽蘭女子」というペンネームがつけられたことからもわかるように、なかなかの美青年であったようだ。遠足とボート漕ぎ、新刊書の購入と絵葉書の蒐集を趣味としたということだから、スポーツ好きで知的な青年のイメージがわいてくる。『滑稽新聞』創刊以来の投書家で、二ヵ月後には正社員となり、やがては、東警察署の不正を告発した記事の署名発行人として、堀川監獄に入獄するなど、外骨に負けず劣らずの活躍を見せている。

自宅が滑稽新聞社に近いこともあって、しばしば出入りするうちに深みにはまりこんでしまったというところかもしれない。金持ちのボンボンで、経済的糧《かて》のために仕事をしなくてもいいという恵まれた立場は、外骨と共通する点であった。『滑稽新聞』の廃刊後は、南区八幡筋に、趣味を生かした「柳屋画廊」を営み、外骨が東京に移ってから後も、長く親交がつづいたようである。創刊三年を迎えた六五号の「表彰記」という記事のなかで、外骨は三好のことを、「実に当世多く得難い純潔な好青年である」と高く評価している。

詩人と少年と社会主義者と

次に、「対水楼主人」や「二階堂対水」のペンネームで登場するのは、「白羊」の号で知られた大阪生まれの詩人溝口駒造である。早大専門部法律科を卒業した溝口は、『文庫』などに詩を発表して注目されていたが、滑稽新聞社にいたのは明治三十七年一月までで、その後、同三十九年（一九〇六）十月に詩集『さゝ笛』を出版、やがて『家庭新詩 不如帰の歌』などを発表し、当時の流行小説の通俗詩化にとりくみ詩壇を離れていった。詩文集に『家庭小品 草ふぢ』、編著に尼《に》港《こう》事件を記録した『国辱記』がある。

「ヤング・ナイチン」の名前で登場する板橋菊松は、明治三十五年（一九〇二）五月、十四歳の年に江戸堀南通りの滑稽新聞社を訪れ、「無冠の帝王である新聞記者になりたい」といって外骨の家に書生として住み込み、そのまま外骨の養子のような立場で、『大阪滑稽新聞』や新聞・雑誌の『不二』の記者として活躍した。『大阪滑稽新聞』の時代は「活殺外史」の名で主筆をつとめ、『不二』の時代は「板橋春秋」の名で二面実業主任を担当している。

板橋の実家は、大阪府三島郡味舌村《ましたむら》大字味舌上《ましたかみ》で雑貨商を営んでいたが、子供のない外骨夫婦に可愛がられ、その出資をうけて早稲田大学に学び、『不二』の記者を辞めた後は学者としての道を志し、後に大阪学院大学商学部教授や同大学の学長などをつとめた。昭和五十八年一月に九十四歳で亡くなっている。

「覓牛《べきぎゅう》」の号で論説を書いている森近運平は、いわゆる「大逆事件」の被告の一人として刑死した社会主義者である。

外骨が森近と知り合ったのは、明治三十九年十二月に、友人の吉岡哲夫、中井隼太《はやた》、乾《いぬい》吉次郎、日野国明の四名とはかって設立した社会主義研究会の顧問として、東京の平民社から森近を大阪に招いたことがきっかけであった。森近運平が「覓牛」の号で『滑稽新聞』の論説を書くようになるのは、明治四十年（一九〇七）六月発行の一四〇号からで、以後一三編の論説を『滑稽新聞』に書いている。

社会主義への接近

社会主義研究会は、同年五月一日のメーデーを期して機関雑誌『活殺』を創刊し森近にその編集を担当させる。しかし、掲載論文の是非をめぐり同人間で仲間割れが生じ、『活殺』は創刊と同時に廃刊の運命をたどる。そこで外骨は約五〇〇〇円の自己資金を投じて『大阪平民新聞』を創刊させ、森近にその編集を担当させたのである。『大阪平民新聞』はやがて『日本平民新聞』と改題されて発行をつづけるが、一周年記念号を次号にひかえ、発行所を東京に移してさらに発展をはかろうとしたやさき、二三号付録の「農民のめざまし」が出版法と新聞紙条例違反で起訴され、編集人の森近が堀川監獄に入獄、廃刊の運命をたどることになる。

『大阪平民新聞』＝『日本平民新聞』発行中の約一年間に、宮武外骨が援助した金は月に四〇円から五〇円、通算すると約五〇〇〇円にものぼる大金であったという。米価で単純に換算しても現在の一六〇〇万円ほどの金額になる。『滑稽新聞』であげた利益の一部がその資金にあてられたことはいうまでもない。

堀川監獄を出獄した森近は、明治四十一年五月二日、土佐中村に帰郷中の幸徳秋水を訪ねるといって大阪を発ち外骨と別れた。それが外骨との最後の別れとなった。やがて大逆事件での森近の刑死を知った外骨は、この時の縁をもとに、昭和二十一年（一九四六）十二月、明治社会主義文献叢書の一冊として『大逆事件顚末《てんまつ》』をまとめ、無実の立証を企てたのである。

絵師たちの活躍

以上の人たちのほかに、『滑稽新聞』の大きな魅力のひとつである、表紙絵や挿し絵を描いた絵師たちの存在を忘れるわけにはいかない。

図５　『滑稽新聞』132号の誌面

彼らは、奴慾内《やっこよくない》、高砂太夫、墨池亭《ぼくちてい》黒坊《くろんぼう》、なべぞ、などといった戯名で誌面に登場するが、その実体はよくわかっていない。『滑稽新聞』が発行されていた明治末年の日本の美術界は、新しい西洋画の潮流が、日本美術界に怒濤のごとくに押し寄せ、江戸以来つづいていた、浮世絵の伝統が途絶えようとしていた時期に重なっている。江戸以来の浮世絵師たちは、新聞の挿し絵画家として、ほそぼそとその技法をまもり、糊口《ここう》をしのいでいるものがほとんどだった。江戸の戯作者たちが明治になって新聞の雑報欄の記者の仕事に活路を見出したときに、戯作者と表裏一体となって仕事をしてきた浮世絵師たちが、新聞の挿し絵の仕事に生きる道を求めたのは自然のなりゆきであった。『滑稽新聞』で活躍した絵師たちもまた、そのような経歴の人たちが中心であったのだろう。

『滑稽新聞』の絵師たちのなかで、現在のところ、本名などの経歴が判明しているのは、奴愨内と黒坊の二人である。

奴愨内は、悟雪洞大機《ごせつどうたいき》あるいは山本永暉《えいき》とも号した日本画家の山本増次郎であった。慶応元年に大阪に生まれた山本は四条派の西山完瑛について日本画を学んだ。明治十年上京して狩野探美に師事、横山大観や下村観山、菱田春草の師として知られる橋本雅邦はその師友にあたる。明治二十二年（一八八九）、橋本雅邦らとともに皇居正殿豊明殿の天井画を描き、同三十三年（一九〇〇）のパリ万国博覧会に出品して銅牌を受賞している。同三十六年に大阪で開かれた第五回内国勧業博覧会で絵画の審査員をつとめたが、他の審査員と衝突して画壇を去り、「知己を千載の下に求むべきのみ」と豪語し諸国を遊歴して各地で制作に励んだ。晩年は、越前福井に住んで、本町通りで東京奴百貨店という小間物店を開き、当時の福井の文化人と盛んに交流したといわれている。昭和二十七年（一九五二）に大津市石山寺で亡くなっている。八十五歳だった。外骨と最初に知り合ったのは明治十四年、二人がまだ東京遊学中のことだったと、外骨は『滑稽新聞』のなかに記している。それから約二〇年後の大阪での再会が、二人の友情を復活させたのである。

謎の絵師黒坊

もう一人の黒坊は、明治三十九年五月から滑稽新聞社に入社した新顔だが、黒坊入社後の『滑稽新聞』は、表紙絵から挿し絵まで、そのデザイン感覚が一新されたといってもいいほどの変貌をみせている。浮世絵に西洋画の視点や技法を取り込んだそれらの表紙絵や挿し絵は、現代の感覚に照らしてみても、きわめて斬新なセンスに溢れている。

黒坊については、あまり多くのことはわかっていない。歌川派の浮世絵師で、本名は前野一廣、後に春亭と号した。師は藤原信一で、月岡芳年の孫弟子にあたる。月岡芳年の弟子には、藤原信一の師にあたる山崎年信のほかに水野年方や稲野年恒がいて、そのうちの水野年方の弟子が鏑木清方《かぶらぎきよかた》、その弟子が美人画で有名な伊東深水《しんすい》である。歌川派は、江戸中期から幕末・明治初期にかけて勢力のあった一派で、美人画と役者絵に長じた豊国の伝統は、清方や深水に継承されていったのである。黒坊の前野春亭もまた、『滑稽新聞』の絵で見るかぎり豊国の伝統をよく受け継いで、西洋画の技法を取り入れた浮世絵タッチの美人画に傑作が多い。

他の絵師たちについては、現在のところ経歴どころか本名すらわかっていないが、奴愈内と黒坊の二人の経歴から類推して、いずれも名のある絵師たちが、なんらかの事情によって、本名が知られないようにして『滑稽新聞』に協力していたのではないかと推測される。

また、ほかに、現在でも人気のある竹久夢二が描いた何枚かの挿画などが、『滑稽新聞』の誌上や定期増刊の絵葉書集『絵葉書世界』のなかに見られるが、これらはいずれも外注として描かれたもので、夢二が社員や客員として滑稽新聞社に在社していたわけではない。おそらく東京の平民社に関係のあった夢二に、森近運平などを介して寄稿を依頼したものと思われる。このように、当時一流の画家たちが『滑稽新聞』に集まり、活躍していた様子が誌面を通じて伝わってくるのである。

『滑稽新聞』と大阪壮士倶楽部

顧問弁護士たち

『滑稽新聞』のスタッフそして画家たちのプロフィールを見てきたが、最後に、その、ほとんど日常的ともいえる筆禍裁判を担当した顧問弁護士たちの活躍を忘れてはならないだろう。彼らの存在なくしては、『滑稽新聞』の魅力が半減しただろうことは、想像に難くない。優秀な顧問弁護士を備えていたからこそ、『滑稽新聞』は世の中の不正と正面切って正々堂々闘うことができたのである。

『滑稽新聞』の顧問弁護士は、時期や裁判によってさまざまな人たちが入れ替わり立ち替わり担当していて、壮観である。大げさにいえば、名前を並べるだけで、当時の大阪の、正義派の著名弁護士の名鑑ができるのではないかとさえ思えるほどである。

なかでも、とくに関係が深く『滑稽新聞』の筆禍事件の弁護にあたった弁護士は、白川朋吉、伊藤秀雄、中井隼太《はやた》、野平穣《のひらじょう》、日野国明、河谷正鑑、横山鉱太郎、岸本市太郎の八名であった。そのうち、もっとも親しく外骨と親交があったのが日野国明であった。日野は、慶応元年（一八六五）十二月一日に愛媛県松山に生まれ、外骨の二歳年長にあたる。とはいっても、慶応三年一月生まれの外骨とは、実質的に一年しか違わないから、ほとんど同い年の感覚で付き合っている。十八歳の年に大阪に出、二十歳で代言人（弁護士）試験に合格し、弁護士の道を歩みつづけた。俳句が趣味で「酔来《すいらい》」という号をもっているが、それは、小柄で正義感が強く機敏で小回りのきく日野の姿が、まるで小型軍艦の水雷艇のようだからというので、「水雷」をもじって「酔来」となったのである。日清戦争に勝利し、やがて日露戦争をむかえようという世相が俳句の号にも影響を与えていたのだ。日野は、やがて大阪弁護士会の会長をつとめ、後に政治の世界にのりだし、大阪市会議長などをつとめて、昭和三十年（一九五五）十二月に、九十二歳で没している。生まれて間もない一人息子の天民を失っていらい子供運に恵まれなかった外骨は、明治三十九年（一九〇六）、日野の家に生まれた末娘の三千代を養女として養子縁組し、大正十一年（一九二二）に三千代が結婚するまで育てるが、結婚から二年後の大正十三年七月、三千代は出産にともなう病で、母子ともども短い命を奪われてしまうことになる。あくまでも子供運のなさは、外骨に一生ついてまわったのである。

郷党の助け

白川朋吉と中井隼太は、ともに外骨と同郷の香川県出身の弁護士である。観音寺町のあまり豊かでない商家の息子として生まれた白川朋吉は、医者になる志をもって大阪に出、岩崎眼科病院に学んだ。しかしまもなく病気になり、医者の道はあきらめ、法律家になろうと中央大学に学んだ。明治三十一年（一八九八）に中央大学を卒業した白川は、当時有名な城数馬の事務所に勤めて弁護士の道を歩みはじめた。二年後の三十三年に大阪に来て、若手の敏腕家として知られるようになった。率直穏和な新進弁護士という評判で、『大阪時事新報』には、「著実穏健なる思想、透徹明晰《めいせき》なる頭脳をもつ。白皙《はくせき》短軀、温雅にして逼《せま》らざる」と評せられている。大阪弁護士会の副会長をつとめ、後に昭和になってからは、琴平参宮電鉄株式会社の社長となった。

中井隼太は、外骨より約十歳若い明治十年（一八七七）の生まれで、同四十三年（一九一〇）の立憲国民党大阪支部の開設に関係したといわれている。政治に関心が強く、社会主義研究会のメンバーであったが、板橋菊松氏の証言では、外骨とはいまひとつ親しくなかったということである。明治三十九年頃には大阪市会議員をつとめ、「牛後」と号する俳人でもあった。

伊藤秀雄については、『大阪時事新報』に掲載された「弁護士界側面観」に評が出ているが、それによると、「着実で真摯《しんし》で、何処から見ても批難する点のないのは、近頃珍しい男じゃ」「頭脳は明晰で学問も亦《また》根底があって、倹素自ら奉じて居た所など……」と、きわめて非の打ち所のない優秀な人物であったようだ。

大阪壮士倶楽部

河谷正鑑と野平穣は、明治二十一年（一八八八）七月に結成された大阪壮士倶楽部の創立以来のメンバーであった。メンバーであった確証はないが、日野国明もまた河谷に非常に近い立場にあったことはたしかである。自由民権運動の闘士が東京に集結することを警戒した明治政府は、明治二十年十二月に運動の指導者と目される人物約五七〇名を東京から追放した。そのなかに、星亨《ほしとおる》、尾崎行雄、中江兆民などがいた。大阪に退去した兆民は、明治二十一年に創刊された『東雲新聞《しののめ》』の主筆となって、民権論を展開した。そこに『東雲新聞』の創刊にかかわった寺田寛や江口三省などの大阪自由党の関係者や壮士たちが集まり、大阪壮士倶楽部が結成されたのである。

壮士というのは、一種の自由民権家のことだが、普通の民権家のように弁舌をもって、自由民権論を壇上から演説するのではなく、仕込み杖などをたばさんで往来を闊歩し、大衆と直接接触したり、時には力ずくで直接行動に出るといった、行動派の闘士のことである。若く、貧しく、無名の革命家、と彼らのことを呼んだ人がいるが、明治二十一年当時の大阪には、約一六〇人から一七〇人ぐらいの壮士がいたといわれている。

この大阪壮士倶楽部のメンバーと中江兆民は、明治二十一年十一月、大阪西成郡西浜町の人々とともに被差別部落民を主体とした政治運動団体「公道会」を組織し、部落解放運動の先駆的役割を果たすことになる。自由と民権とそして人権の問題も視野に入れた活動をこの大阪壮士倶楽部が目指していたことがよくわかる。しかし、その活動も長くはつづかなかった。翌二十二年四月、「治安に害あり」という理由で、大阪壮士倶楽部は、当局から解散を命ぜられてしまうのである。

明治二十三年（一八九〇）七月の第一回総選挙に、被差別部落民から熱心に支持されて衆議院議員に当選した兆民は、第一議会で、予算減額問題で政府と民党が衝突した件で民党の一部が政府と妥協したことに憤慨し、衆議院を「無血虫の陳列場」とののしって議員を辞職した。翌年の夏、大阪を去った兆民は北海道の小樽に赴き、『北門新報』の主筆となって、政府官僚と政商・大地主たちが北海道を食い物にしている現実を批判し、アイヌに対する政府や日本人植民者たちの不当な仕打ちを攻撃した。

大阪壮士倶楽部が解散を命じられ、中江兆民が北海道に去ってしまった後の大阪壮士倶楽部のメンバーの一部、河谷正鑑や野平穣、そして日野国明などは、それから約一〇年後に創刊された『滑稽新聞』の顧問弁護士として、地方権力や悪徳商人などの不正と闘うことによって、かつての自由民権の主張を貫こうとしたのであった。『滑稽新聞』は、かつて自由民権を終息させた帝国憲法をからかって、不敬罪を宣告された男が記事を書き、帝国憲法を守るために発せられた保安条例で東京を追われた男を中心に結束した人たちが、その筆禍を弁護するというかたちで続刊されたのである。そして、その表現を時代の潮流から取り残されそうになっていた有能な画家たちが中心になって支えたのであった。権力のマークが厳しかったのは、当然といえば当然の結果であった。

模倣雑誌が次々に誕生

最盛期には、月に八万部を売るという『滑稽新聞』の好調さは、当然のようにそれに追随する亜流の模倣雑誌を生んだ。明治四十年の五月から翌年にかけて、大阪で『いろは新聞』という亜流雑誌が創刊されたのを皮切りに、六月には韓国で『釜山滑稽新聞』、東京に『東京滑稽新聞』があらわれ、八月にはやはり東京で『滑稽界』、九月には『東京滑稽』、京都で『ポテン』、十一月にはやはり京都で『滑稽雑誌』というのが生まれ、翌月にはまたまた東京で『江戸ツ子』が創刊されるといった調子で、そのほかにも東京では『あづま滑稽新聞』だの『滑稽世界』だの『新滑稽』だの、ただタイトルに『滑稽』や『滑稽新聞』を使うだけでなく、表紙の体裁や、本文の組み方まで『滑稽新聞』のまねをしたまぎらわしい雑誌が次々と誕生した。

このうち、『あづま滑稽新聞』や『滑稽界』にいたっては、筆禍事件を起こして告訴され、その裁判を記事にして筆禍をくりかえし、それをきっかけにして権力攻撃するという記事の作り方から、表紙のデザインや題字の配置まで、一目瞭然、なにからなにまで『滑稽新聞』をまねた、完全なまでの模倣雑誌であった。おまけに定価七銭、本文は三段組で二〇ページだてというところまで『滑稽新聞』と同じで、見た目の違いといえば、タイトルが違うのと、タイトルの地紋が『滑稽新聞』の〝稲妻〟に対して、『あづま滑稽新聞』が〝桜の花びら〟、『滑稽界』が〝旭条〟といった点ぐらいで、本屋の店先に平積みになって置かれていると、慣れた読者でもついうっかり『滑稽新聞』と間違えかねないほどの代物だった。

模倣雑誌ではないが、明治三十八年（一九〇五）四月に、北沢楽天によって創刊された漫画雑誌の『東京パック』もまた、『滑稽新聞』の人気に刺激されて創刊されたビジュアル系の滑稽雑誌のひとつといえよう。

亜流の発生は、とりもなおさず本流の勢いの強さを意味しているが、『滑稽新聞』の好調さが、さまざまな模倣雑誌を生み、同じジャンルの雑誌の出現に拍車をかけたのである。しかし、『滑稽新聞』は、その好調さのなか、いやむしろ、その絶好調のさなか、突然に「自殺号」を出して廃刊してしまったのである。そればかりは、ほかの模倣雑誌には、逆立ちをしてもまねのできない離れ業であった。売れ行きが悪くなって雑誌が廃刊するというのが普通だが、その絶好調の時にみずから廃刊に踏み切るというのは、一般人には理解に苦しむ、前代未聞の出来事であった。

「自殺号」を出して廃刊

『滑稽新聞』が廃刊を決意したのは、明治四十一年六月二十日発行の一六五号に掲載した「法律廃止論」が当局の検閲にひっかかり、『滑稽新聞』が発行禁止処分を受けたことがきっかけであった。それまでもさんざん筆禍をうけてきた『滑稽新聞』にとって、当局の過剰な処分などものの数ではなかったが、この時ばかりは、司法・行政・立法・資本の支配層がこぞって法律をないがしろにして、それを告発すべき検事が、公平なふりをして、裏で権力者の言いなりになっているさまを浮き彫りにした記事を次々と掲載して、司法当局を攻撃した。当局は、罰金刑、編集人の実刑判決、発行停止処分と、法律の条文から考えられるあらゆる処分をもって『滑稽新聞』を追い込もうとするのだが、まるでこたえなかった。すでに『滑稽新聞』は、廃刊覚悟で「自殺号」を出して、自殺する決意を固めていたからである。わずか八年間とはいえ、やりたいことはすべてやったし、言いたいこともほぼ言い尽くした。後は、いつ廃刊するかというタイミングの問題だけだ。それなら、いかにも『滑稽新聞』らしくはなばなしく権力とやり合って、もっとも好調なこの時期にあっさり廃刊してしまおうと考えたのである。

そのへんのことを、外骨は『滑稽新聞』一七三号の「自殺号」に次のように書いている。

人は死すべき時に死なければ死に勝る恥があると云うが、特種の有機体たる新聞雑誌も亦《また》人と同じく死すべき時に死なければ死に勝るの恥がある、（中略）されば今我《わが》滑稽新聞は其《その》死すべき好機と見て、茲《ここ》に潔く自殺を遂げるのである、（中略）何が故に自殺即ち廃刊の好時期であるかと云うに、世の新聞雑誌が廃刊するのは、概《おおむ》ね経営上の不利に原因するのであるが、我滑稽新聞は世の一盛一衰に関せず、創刊以来嘗《かつ》て衰運に瀕したと云う事なく、剰《あまつさ》へ去る三十九年の初春以来は日進月昇の盛運に向い、特に前号の如きは二千余冊の増刷も尚足らざるの盛況を呈し、花で云えば今が満開の時であろうと思う、此盛運盛況の日に於て自殺するのは、実に其の時を得たものであろう。

権力に殺されたのではない。みずから死をえらんだというところに、小野村夫・外骨のユーモアがあり自負があった。この「自殺号」にはほかに、『滑稽新聞』の八年間にわたる闘いを四ページにわたり詳述した「本誌受罰史」、それに「悪口辞典」「検事の曲弁」など、外骨の皮肉と諧謔《かいぎゃく》にみちたうっぷん晴らしの記事が満載されている。

かくて、前代未聞の「自殺号」を出して『滑稽新聞』八年間の闘いの幕は閉じられることになった。誌面のイラストの上で、実質上の編集兼発行人の小野村夫もまた切腹して自殺した。『滑稽新聞』はその後、板橋菊松の活殺外史が編集人となって、『大阪滑稽新聞』として続刊されることになった。外骨はそのなかで、「天爵平民」として筆をとることになるはずである。

日刊新聞の創刊と失敗

浮世絵の世界へ

浮世絵研究雑誌創刊

『滑稽新聞』を廃刊した外骨は、その後、明治四十三年(一九一〇)一月に浮世絵研究雑誌『此花《このはな》』を創刊する。おそらく日本で最初の浮世絵の専門誌であろう。江戸堀南通りの自宅を雅俗文庫と名づけ、『滑稽新聞』の好調によって手にした約一〇万円の金を資金として、金のつづくかぎり江戸期のものを中心に浮世絵を買いあさった。明治初期の文明開化の時代以来、日本人の目はもっぱら西洋に向けられてきた。近代文明だけでなく、絵の世界でも西洋化が著しい。今では日本人が見向きもしなくなった浮世絵を、西洋人が注目しはじめ、貴重な絵がどんどん西洋に流れて行く。

外国人が日本の浮世絵を買い初めたのは、明治二十年頃の事であって、爾来《じらい》十数年、相場は漸々《ようよう》騰貴するのみで、今に続いて居ると云うのは、仏国とか、独逸とか、英国とかの鑑識家が尊重して居るからであろう、（中略）我日本人たる者が、日本の浮世絵を外人の研究にのみ委《まか》して置くのは、位置顚倒《てんとう》の甚だしき事である、これは是非とも我々が大いに研究して見ねばならぬ。（「此花の咲きし理由」）

こうした考えをもとに、明治四十二年七月から四十五年五月までに、雅俗文庫は一四点の浮世絵関係の出版物を出した。すべて専門の彫師と刷師に依頼して、紙も上質の越前奉書に再現した精巧な複製である。

三〇〇部の限定版で復刻した『浮世絵鑑』の三部作、『菱川師宣画譜』『奥村政信画譜』『西川祐信画譜』には、付録としてそれぞれの作家の略伝・画評などを記した解題がつけられていて、外骨の浮世絵研究の成果を知ることができる。

『此花』というタイトルは、有名な上代歌謡の「難波津に咲くや此花冬ごもり今は春べと咲くやこの花」から名づけられた。〃此花〃は、梅の花の雅称である。浪速《なにわ》の都に咲いた浮世絵の花は、やがて二四枝まで続刊されることになる。〃号〃と呼ばずに〃枝〃と呼ばせたのは、梅の木の枝に、号を重ねるごとに浮世絵の花を咲かせようという外骨の洒落であった。

豪華な内容

『此花』の寄稿者には、大槻如電《によでん》、高安月郊《げっこう》、渡辺霞亭《かてい》、朝倉無声などがいたが、そのなかの一人に、紀州田辺に住む植物学者で民俗学者の、奇人として世に知られた南方熊楠《みなかたくまぐす》がいた。熊楠は、婦人に若衆の代用をさせた珍しい例を、古今東西の歴史事実を引用して記述した「婦女を姣童《わかしゅ》に代用せし事」を二一枝に、武士の千人切りと婦女の千人切りを、仏教の呪詛《じゅそ》との関連において論じた「千人切りの話」、交接した男女が神罰によって離れ得なくなった古今の事実を列記して、連理の松などの民間伝承との関連、生理学的要因に言及した「奇異の神罰」を最終号の〝凋落号《ちょうらくごう》〟に寄稿している。いずれも、古今東西の文献を傍証として引用した、熊楠の博覧強記ぶりが遺憾なく発揮された内容のものであった。天下の野人南方熊楠が、権威に屈せぬ外骨の依頼に応じての寄稿だった。雅俗文庫はその後、『此花』第一枝付録として『裸体画苑』、鳥居清長、湖龍斎、恋川春町の美人画の複製掛軸『美人長絵三幅対』、喜多川歌麿の春画を六枚の絵葉書に複製した『人形つかひ』、初代歌川広重の「洲崎の初日出」「両国橋の月」「柳島の星祭」の複製錦絵である『日月星三光』『浮世絵師略伝』、喜多川歌麿の複製錦絵『和様沈香亭』『豊太閤五妻花見図』、享保年間刊行の春画の復刻である『玉のさかづき』、歌川豊国が筆禍をうけた錦絵『奥女中若衆買の図』、双鳩子画「葵氏艶譜」の複製画『大坂新町廓中艶譜』と、次々と浮世絵の復刻本を出版した。「平民も共に古い浮世絵を愛玩し研究し得られるやうにするのは、古い浮世絵を翻刻して廉価に販売する者があればよいのである」という外骨の考えにもとづいての復刻だったが、売れ行きのほうがどうも思わしくなかった。

「『此花』及び浮世絵鼓吹《こすい》のために出版せし図書雑誌は、いづれも売行多からずして、既に数千円の損失となれり、近くは去る四月のみにても一千円内外の損失を招くに到れり、それは『豊太閤五妻花見図』及び『奥女中若衆買の図』は各百三十円以上の出費（合せて二百五六十円）なれども、此二図の売得金は僅《わずか》に五六十円に過ぎず」という状態であった。経営的に破綻した『此花』は、やがて二四号を〝凋落号〟として廃刊される。

『此花』の発行期間は、明治四十三年（一九一〇）一月から四十五年七月までの約二年半であった。その間、浮世絵の復刻出版以外に、同じ雅俗文庫から『猥褻《わいせつ》風俗史』『筆禍史』の二冊を刊行している。いずれも外骨を代表する著作である。

タブーへの挑戦

近代日本における二大タブーは、改めていうまでもなく「天皇」と「性」である。「天皇」のタブーはかつて『頓知協会雑誌』で犯している。しかし、「性」についてはこれまで真正面から扱ったことがなかった。『滑稽新聞』の発行中に裸体画や、猥褻な記事で風俗壊乱罪の適用をうけ、罰金刑に処せられたことはあった。文明の発達とともに「性」がタブー視されてきた事実を考えると、性のタブーは、権力支配と関係がありそうだ。だからあからさまな性の表現を、権力はいやがるのだ。

此猥褻風俗史は、今日猥褻の事物と認むべきものを、昔時法律上或は道徳上、何等の制裁なかりし事実を歴叙するにあり。

『猥褻風俗史』の自序はこう書き出されている。そして、次に日本刑法第一七四条と一七五条の公然猥褻行為と猥褻文書などの頒布を禁じた条文を引用して、それらの条文が現在文明諸国ではどの国でも制定されているが、未開時代においては、それらを禁止する条文はなかったことを記し、猥褻罪そのものが、文明や権力支配と密接に関係する事実を指摘している。

最初、贈呈用の一〇〇部だけの印刷だった『猥褻風俗史』は、要望者が多く、二刷を刷って、結果的に一万部が売れた。当時としては大変な売れ行きだったといえる。

翌月出版した『筆禍史』は、『猥褻風俗史』以上の売れ行きだった。ジャーナリストとして世に出ていらい筆禍の連続だった身としては、筆禍の歴史については、いつかはまとめてみたいテーマだった。しかも、それまで誰も手をつけたことのないテーマである。

差別への怒り

平安時代の小野篁《おののたかむら》の筆禍にはじまり、江戸時代の山鹿素行《やまがそこう》、貝原益軒《かいばらえきけん》、鹿野武左衛門《しかのぶざえもん》、恋川春町《こいかわはるまち》、山東京伝《さんとうきょうでん》、林子平《しへい》、式亭三馬《しきていさんば》、為永春水《ためながしゅんすい》、平田篤胤《あつたね》、渡辺崋山《かざん》、柳亭種彦《りゅうていたねひこ》、荻生徂徠《おぎゅうそらい》など、約六〇件について詳述されていて、おもに江戸期までの筆禍に重点が置かれているが、巻末には明治八年（一八七五）以降十三年までに筆禍をうけた新聞名・刑期・記者名二〇二件を列記することを外骨は忘れなかった。この本以外にも、自分をふくめた近代の筆禍史について、出版の計画があったようだが、実現されなかった。

また、この『筆禍史』には、外骨の先祖が、備中の国の被差別民だったかもしれない、ということを書いた「自跋」が掲載されていて人々の注目を集めた。外骨は、讃岐の国の庄屋階級の豪農の出身だったが、備中から移住した先祖が、そこの被差別民ではなかったのかと、自分の出自について疑問を表明した文章である。

外骨は、近くに住む被差別部落の少年たちを遊び友達として少年時代を過ごした。ジャーナリストとして文筆の道を歩みだしてからも、自分の印鑑に「讃岐平民宮武外骨」と彫らせて使用するなど、平民主義をひとつのバック・ボーンとしてジャーナリズム活動をしてきた。『頓智協会雑誌』で、「万世一系の天皇」に対して「讃岐平民」を対置させたのも、そうした考えにもとづいてのことだった。不当な差別をうける被差別民と、これまた不当な筆禍に苦しめられる自分を重ねることによって、権力の理不尽さを暴き、被差別民自身に不当な差別に怒りをもって立ち上がることを促す文章である。しかしこの文章には、読み方によっては、被差別民を侮辱し、自分の家柄の良さを誇ったように誤解されかねない表現が含まれていて、物議を醸しかねない文章であることもまた事実だ。外骨の逆説的表現は、時として読む人々の誤解を招きかねない危うさを秘めている。そこに外骨の表現のひとつの特徴があり、魅力があるのだが。

明治はやがて大正と年号を変えた。慶応三年（一八六七）に生まれた外骨は、ほぼ明治の年号と同じだけの歳をとってきた。明治の終焉はそれだけに感慨深いものがあったに違いない。大正二年（一九一三）、この年外骨は数えで四十七歳になっていた。

日刊新聞『不二』の失敗

その年（大正二年）の四月に、外骨は日刊新聞『不二』を創刊する。明治二十年（一八八七）に『屁茶無苦新聞《へちゃむくしんぶん》』というのを出したことがあるが、それは政論を中心とした当時の大新聞《おおしんぶん》のパロディの新聞だった。まじめな日刊新聞の発行は今回がはじめてだった。

はじめての日刊新聞

当時、箕面《みのお》有馬電気軌道株式会社の常務取締役だった小林一三《いちぞう》のはからいで、梅田駅前の本社の裏手にあったバラックの提供をうけ、そこを本社として、日刊『不二』が創刊されたのは大正二年の四月二十五日であった。停車場拡張のため梅田郵便局を買収した跡地に建っていたバラックである。小林一三は、箕面電軌が阪急電鉄と改称の後その社長に就任、阪急デパートを経営したり、宝塚歌劇団を創設してやがて興行界にものりだし、後の東宝株式会社を育て上げた人物である。美術品の蒐集が趣味で、外骨とは『此花』を通じて知り合い、以後、昭和の戦後までその交際は変わらずにつづいたのであった。

『滑稽新聞』以来の付き合いになる弁護士の日野国明に社長を依頼し、やはり弁護士の花井卓蔵、中井隼太《はやた》、それに南方熊楠《みなかたくまぐす》、国語辞書『言海』をつくった大槻《おおつき》文彦の兄の大槻如電などが客員として名を連ねている。花井卓蔵は、刑事事件の弁護にすぐれ、これまでに星亨《ほしとおる》暗殺事件、日比谷国民大会事件、大逆事件などの弁護を担当していた。死刑廃止論・無期刑廃止論などを唱え、被告人の法的地位の確立のために弁護士としての生命をかけていた。外骨とは、花井がまだ立原卓蔵という名で、大阪堂島仲町の代言人（弁護士）植島幹の屋敷で書生をしていた頃からの知り合いである。当時外骨は十七歳、花井は二歳年下の十五歳だった。青雲の志に燃えていた二人は、会ったその日から意気投合し、おたがいの未来を語り合った。

主筆には、最初、蒙古王と異名をとった佐々木照山を予定していたが直前になって都合がつかなくなり、溝口白羊が主筆代理となった。詩人の溝口は、『滑稽新聞』で一時外骨の助筆をつとめていたことがあった。一面の論評主任は、元天王寺中学教諭の大林邦夫

（華峰）。二面の実業欄主任は、板橋菊松（春秋）。板橋は『滑稽新聞』時代にはヤング・ナイチンの名で外骨を助け、『大阪滑稽新聞』時代は、活殺外史の名で外骨の後を引き継いで主筆をつとめた人物である。三面の社会雑報主任は塚田昌夫（裾水）。四面の文芸美術主任は青木新護。青木は、月斗と号するホトトギス派の俳人として知られていた。いずれも、文才はあるが、雑誌の編集経験のある者はいても、日刊新聞の経験がない者ばかりである。なかなか外骨の満足のいく新聞ができなかった。『滑稽新聞』の外骨を知っている読者の目には、日刊『不二』の紙面ははなはだ活気のない穏健なものに映った。内容ばかりではなかった。大活字で読者の目をひきつける新聞の多いなかにあって、五号活字を多く使った雑誌的な紙面も地味で生彩がなかった。創刊号を出し、定期購読の申し込みを受け付けてみると七二〇〇しかない。外骨の予想をはるかに下回る数字だった。『滑稽新聞』と違って、今回の日刊『不二』は、社会不正は断じて許さないが、あくまでも穏健な態度を貫くという当初からの大方針があった。それは社長を引き受けた日野との約束でもあった。過激な記事を書けば売れるのはわかっていても、途中で方針を変更するわけにはいかなかった。

若き日の折口信夫

不評の日刊『不二』の紙面のなかで、四面の文芸美術欄に発表された折口信夫《おりくちしのぶ》の短歌や創作、それに文芸時評は、結果的にこの時期の折口を研究するうえで、注目すべき重要な仕事となった。筆者の協力で、昭和四十八年（一九七三）に鈴木国郭氏が発見するまでは、日刊『不二』発表作品は全集にも未収録の資料として、この時期の折口の動向とともに長い間謎とされてきたのであった。折口自身が自選年譜のなかに、外骨の日刊『不二』に小説を連載したと記述しているにもかかわらず、長い間それが発見されなかったのは、外骨とその刊行物についての周囲の関心の低さを示す、ひとつの象徴的な例であろう。

当時の折口信夫は、府立今宮中学の教師をつとめる、無名の二十七歳の青年であった。折口の作品が日刊『不二』に発表されたのは、創刊から三ヵ月後の七月からで、「迢空集　海山のあひだ」と題して迢空《ちようくう》沙弥の名で短歌を発表している。翌年の大正三年（一九一四）一月二十一日号から三月二十三日号までは「×月の文壇」と題して文芸時評を担当し、田山花袋《かたい》『蠟燭《ろうそく》』『一握の藁』『雪解』『寂光土を懐ふ心』、正宗白鳥『初旅』『黙闘』、きしのあかしや（木下杢太郎）『霊岸島自殺』、谷崎潤一郎『捨てらるゝまで』、武者小路実篤『三つ』『わしも知らない』、長田秀雄『誕生日』、森鷗外『堺事件』、鈴木三重吉『恋』、小栗風葉『夜逃』などの作品を扱っている。

また、評論・創作にも意欲をみせ、「推讃　岩野泡鳴氏　伊庭孝氏」「滅ぶるまでのしばし」「若山牧水論　盲動」などの評論を発表、三月二十四日からは二五回の連載で、小説「口ぶえ」を発表している。

時代の罪人

穏健な記事が売り物の日刊新聞『不二』だったが、創刊から間もない二三号に掲載された「美人絵の衝立《ついたて》」と題する記事が筆禍をうけた。やはり、外骨、という名が当局の厳しいマークにあったためであろう。

かつて『滑稽新聞』に掲載した記事をそのまま転載したものだったが、そのなかの一部「桂太郎は暗殺せざる可らず、高崎親章は賄賂取悪知事なり」という部分だけ大活字で目立つように印刷したのだ。読みようによってはその部分に、『不二』の主張があるようにもうけとれる。しかし、表面上は単なる過去の新聞の転載記事であった。そこに『不二』がこの記事を『滑稽新聞』から転載したことの意味があった。当局は、外骨がまたかつてのように過激にやりはじめるのではないかと危惧《きぐ》したのである。

大阪地方裁判所で下された判決は、署名責任者の塚田昌夫に罰金三〇円ないしは一五日間の労役、外骨は禁錮一ヵ月に処すというものだった。ちょっと趣向を凝らしたとはいえ、日刊『不二』の評判が悪いのはなぜかということを説明するために、かつての『滑稽新聞』の記事を引用しただけのものである。それが「秩序壊乱罪」にあたるというのは、誰が見ても暴論と思える。

桂内閣打倒を叫ぶ憲政擁護の嵐は、東京で、新聞社や交番を焼き討ちするなど暴動化し、この大阪や神戸・広島・京都へと波及していた。その暴動のなか、この年の二月十一日に第三次桂内閣は総辞職へと追い込まれていた。世にいう大正政変である。当局が神経をとがらせていたのも当然な社会情勢ではあった。

控訴は当然、と息まいていた周囲の空気とはうらはらに、外骨は上告をあきらめ、どうせ入獄するのなら早いほうがいいと言って、「余は時代の罪人である」と宣言し、『不二』の紙上にその宣言を掲載すると、さっさと堀川監獄に入獄してしまったのである。呆気《あっけ》にとられたのは周囲であった。言論の自由が保障された世の中であれば、自分は罪人ではない。時代が悪いから罪人にならざるをえないのだ。しかし、いちおう法治国家である以上、法には従う。だから入獄する――というのが外骨の考えだった。そこには、厳しい言論統制によって守られた腐敗した権力への痛烈な外骨の皮肉が込められていた。

しかしその後、この一件は、弁護士花井卓蔵により、署名責任者塚田昌夫を上告人として大審院（最高裁判所）まで争われた。十二月に判決が下り、塚田昌夫も外骨もともに無罪となった。「桂太郎は暗殺せざる可らず、高崎親章は賄賂取悪知事なり」の部分は当該記事の主張ではなく、記事の趣旨を補足する引用文にすぎず秩序壊乱罪の適用は不当であるとする花井卓蔵の主張が認められた。上告しなかった外骨も「其利益は上告を為さざる共同被告宮武外骨に及ぶものとす」ということで無罪放免ということになったのである。判決を下した大審院第三刑事部裁判長判事は法学博士横田秀雄であった。当然といえば当然の判決だったが、これまで不当な判決に苦しめられつづけてきた外骨には、暗天にさす一条の光明のごとき感があった。裁判官のなかにも道理のわかる人間がいた。権力の内部にも正義を貫く人間がいる。裁判長横田秀雄の名はこの時以来強く外骨の心に焼きつけられた。

月刊雑誌『不二』

日刊『不二』創刊から半年後の大正二年十月、外骨は、一一六号限りで廃刊した『大阪滑稽新聞』を改題して、月刊雑誌『不二』を創刊する。客観性を重んじる新聞と違って、雑誌は主観にもとづいた自由な筆がふるえる部分が多い。自分を素材とした随筆や筆禍裁判の記録など、ニュース性よりも記事の素材のおもしろさに外骨の本領がある。やはり雑誌の世界こそが外骨の世界だった。

創刊からほとんど毎号のように、「花嫁の替玉」「新平民の娘」「誌上外骨入獄送別会」「在獄日記」「日刊不二新聞経営実験苦心談」、そして「墳墓廃止論」と堰を切ったように自伝的な内容の記事を次々と外骨は書いた。とくに「墳墓廃止論」には、いかにも外骨らしいユニークな奇論が展開されている。墳墓というものは、あってなんの益もない無用の長物であるから、死体はすべて風葬として焼却した灰は風で吹き飛ばしてしまえばいいという主張である。いかに不平等な世界にあっても、生老病死だけはあらゆる人間に平等に訪れる。しかし墳墓の存在は、死んでもなおかつ差別のなかに身を置く宿命を人間に課す。粉にして撒いてしまえば差別はない。「墳墓廃止論」は、一見奇論にみえながら、そうした外骨の平等観が根底に流れているのだ。

『此花《このはな》』の寄稿者だった南方熊楠も日刊新聞『不二』に、「南方随筆」や「田辺通信」を連載していたが、月刊『不二』のほうにも「陰毛を禁厭《きんえん》に用《もち》いる話」「蟹の卜占」「月下氷人」「平家蟹の話」「虎に関する笑話」などの民俗学的論究を寄せていた。

「南方随筆」は、最初、柳田国男《やなぎたくにお》の求めによって、柳田の『郷土研究』に連載していたものだが、熊楠と柳田の間に見解の相違が生じ、そこに感情的対立も加わって、外骨の日刊『不二』に連載することになった経緯がある。柳田が『郷土研究』を創刊したのは大正二年のことで、それまでほとんど注目されなかった方面の研究として学界から評価されていた。『郷土研究』はいわば柳田民俗学の出発点といってもよかった。『郷土研究』の、ほぼ半分の分量にあたる三十五、六ページを占める熊楠の原稿の分載を申し出た柳田に対し、熊楠が、それなら外骨の日刊『不二』に連載することにするからと応じた結果であった。「南方随筆」の連載がおわった八月中旬から、熊楠はひきつづき「田辺通信」を日刊『不二』に連載した。

熊楠の怒り

熊楠はこの時期、郷里紀州田辺の大山神社合祀反対運動にかかわっていた。この問題の背景には、日露戦争以来政府が推進してきた中央集権体制強化政策があった。支配体制を社会の底辺と末端機構から再編成するための地方改良運動もその一環だった。区有財産の市町村財産への統合、若者組の青年会への再編成、そして神社の整理統合などが、地元住民の強硬な反対を押し切って積極的に推進されていた。植物や粘菌の研究をしていた熊楠がなにより恐れたのは、神社の整理統合によって、植物や粘菌の宝庫である神社の境内が失われることであった。外骨の仲介により、熊楠の依頼をうけた弁護士の日野国明は、さっそく和歌山県庁に出かけ県知事と面会して反対の意向を伝えたが、三五戸の村民のうち、三二戸までが合祀に賛成しているという事実をつきつけられ、やむなく交渉を打ち切り帰阪せざるをえなかった。結果的に大山神社は大正二年十一月に合祀されることが決定したのであった。

憤懣やるかたない熊楠は、十一月六日付の日刊新聞『不二』に寄稿した、「情事を好く植物」のなかで、和歌山県の県知事をはじめ役人たちのことを、「虫けら同様」「河原乞食の悴《せがれ》どもらしき者」と罵倒してうっぷんを晴らした。当然のように、不二新聞社は、官吏侮辱罪で告訴された。筆者の熊楠も当然告訴されたが、熊楠が出廷を拒否したため欠席裁判となり、筆者の熊楠に罰金一〇〇円、不二新聞社に罰金二〇〇円の判決が下った。熊楠は、ほかにも、月刊『不二』に掲載した「月下氷人」で兄妹心中を扱って風俗壊乱罪で告訴され、罰金一〇〇円の筆禍をうけている。熊楠の手紙によってこのことを知った柳田は、「『不二新聞』奇禍は笑止千万に存じ候。あの雑誌は調子あまりに低く、俗士の好奇心をそそるために学問を悪用する嫌《きら》い有之《これあり》候《そうろう》」という内容の返信を熊楠に送っている。

結果的に見れば、折口信夫や南方熊楠が寄稿して、後世の研究対象としては興味深く貴重な日刊『不二』、月刊『不二』であったが、その経営不振は最後までいかんともしがたく、外骨は大正三年三月十三日付の三〇〇号をもって日刊新聞『不二』の廃刊にふみきった。月刊雑誌『不二』のほうも時を同じくして、一〇号限りで廃刊された。最後まで赤字をかかえ、ついに黒字に転ずることなく、外骨の最初にして最後の、本格的日刊新聞の経営は、こうして失敗におわったのである。

第一二回総選挙に立候補

天下の浪人

不二新聞社の時代に住んでいた泉北郡高石村、通称浜寺公園の広大な屋敷を売り払った外骨は、大阪城外天下茶屋聖天山南に木造三階建ての住宅を新築して移り住んだ。『不二』で失敗した経済的打撃が転居のおもな理由であった。そのへんの事情を、当時発行した個人通信紙『天下茶屋』のなかで次のように説明している。

今の天下茶屋と云う名称は大阪府東成郡天王寺村の大字であって、浪人共の多く居住する一部落の名称になって居る、先年来郊外生活と云う美名で移住した者も多くあるが、概するに都市生活の劣敗者（財政上または肉体上の劣敗者）であって、本浪人、半浪人の多いことは事実が証明して居る。

転居して、その引っ越し騒ぎでごった返しているなか、まっ先に訪れた訪問者は、住吉警察署の特高刑事だった。大阪警察本部からの通告があってやってきたという刑事にむかって、外骨は、近ぢか革命党を組織してその首領になりこの家をその本部にするつもりだから十分な注意を頼む、といってからかった。『滑稽新聞』で過激な言論をふりまわし、『大阪平民新聞』の資金を提供した外骨は、明治四十一年（一九〇八）以来、当局から特別要視察人乙号に認定され、要注意人物として動向をきびしく監視されていたのである。

図6　天下茶屋時代の外骨

特別要視察人とは、思想行動が不穏過激なため、治安を害する恐れのある者で、特高警察上とくに視察を要する者、のことである。外骨がこの特別要視察人を解除されるのは、大正四年五月三十一日のことであった。その年の三月に行われた第一二回総選挙で二五九票しか得票がなく落選した外骨は、すでに大きな影響力を失ったと判断されて解除となったのであろう。

選挙違反告発候補者

第一二回総選挙は、前年の十二月から開かれた第三五議会で、政府提出の師団増設予算案を否決された少数与党の大隈重信内閣が、議会を解散し議席増加をはかった選挙で、必勝を期した政府は内務大臣大浦兼武を陣頭指揮に立て激しい選挙干渉を行った選挙であった。いきおい運動は熾烈《しれつ》をきわめ、各地で、選挙違反すれすれの激しい攻防が展開された。

一方この選挙は、与謝野鉄幹、馬場孤蝶《こちょう》、長《おさ》田《だ》秋濤《しゅうとう》などの文士が立候補した選挙としても話題を呼んだ。その選挙に外骨も「政界廓清　選挙違反告発候補者」と名のって立候補したのである。当選を目的とせず、各地を遊説して歩き、候補者の不正や違反を暴露してまわることが目的という、前代未聞の候補者であった。

応援弁士には、石川島監獄以来の友人である講釈師の伊藤痴遊をたてた。奇人として天下に名の知れた外骨と、講釈師として名を売った痴遊のコンビである。演説会は有料として入場料をとったが、いつも満員の大盛況であった。

「われは金比羅大権現の再来、大天狗の荒神様なるぞ。刃向う者は八つ裂きにして杉の枝にぶら下げてやる」といって、次々と候補者の違反を告発してまわる外骨に、聴衆は大喜びだったが、選挙権のない聴衆のほうが多くて、結果は予定どおり、見事落選した。

当時の議員選挙権は、二十五歳以上で直接国税一〇円以上納入の男子に限られていた。庶民の味方の外骨が当選するはずはなかった。「与謝野鉄幹は千四百円の運動費を使って九十九票。馬場孤蝶は五百円使って二十三票。長田秋濤は千五百円も使ってわずかに十票だ。そこへいくとワシなどは千三百円の運動費で二百五十九票も入ったのだから文句はない」。選挙結果について、人からきかれると、外骨は決まってこう答えたという。この選挙は結果的に、与党である立憲同志会の圧倒的大勝利に終わった。

昼逃げで大阪を去る

選挙後の五月に創刊した雑誌『ザックバラン』では、創刊号には付録として「宮武外骨落選記」が付けられ、二号は「大浦内相と一万円」「尾崎法相と五千円」などの記事で埋めつくされ、あたかも第一二回総選挙の選挙違反疑惑誌上大告発会の様相をみせている。尾崎法相の選挙違反疑惑については、検事局に対して圧力がかけられているので、不起訴になるかもしれないので、起訴になるかあるいは不起訴になるか「賭」をしよう、と二号の誌上に「誌上賭博開帳」と、大活字で印刷して読者の参加を呼びかけている。力ずくで不正を押しとおそうとする厚かましさに対しては、正論で対抗しても効果はない。かえって腹が立つだけである。罵倒しからかって笑いものにする以外、ほかに腹の虫がおさまる方法はなかった。

けっきょく外骨は、『ザックバラン』を二号限りで廃刊する。『滑稽新聞』でもうけた金も、『此花』、日刊新聞『不二』の失敗と選挙で使い果たしてしまった。大正四年（一九一五）九月、外骨は一五年間住み慣れた大阪を後にして東京へと向かった。「照る日もあり、曇る日もあり、大阪を夜逃げにあらず昼逃げなり」という言葉とともに外骨が大阪梅田の駅を発ったのは、九月十日の〝夜〟だった。「夜逃げ」のような状態には違いないが、「夜逃げ」するような後ろめたさは自分にはない。自分は堂々と「昼逃げ」をするのだ。「昼逃げ」だと威張って、実際は「夜」出発した行動の裏には、外骨のこうした意地が見てとれる。『滑稽新聞』で成功したのが「照る日」なら、その利益ではじめた浮世絵研究と日刊新聞での失敗は「曇る日」だった。やりたいことをして成功もし、失敗もしたのだ。

しかし、結果的にみれば、営業的には好対照の『滑稽新聞』と『此花』、日刊新聞『不二』だったが、外骨のもっとも脂ののりきった時代の代表的な仕事として、いずれも大変貴重なものであるといえる。

大正デモクラシーと外骨

普選要求運動の渦中へ

外骨が上京した大正四年（一九一五）の東京は、憲政擁護、普通選挙要求運動の興奮が、まださめやらぬ熱気を漂わせていた。

政治結社天愾社党

日刊新聞『不二』を創刊する二ヵ月前の、大正二年（一九一三）二月には、軍備拡張案をめぐって政党側と、薩長藩閥を背景とする陸海軍が衝突し、十日に桂太郎が内閣総辞職を決意して議会を停会としたことに怒った民衆が、警視庁や政府の御用新聞と目されている新聞社を襲撃した。騒動は夜に入ってもつづき、翌十一日に第三次桂内閣は総辞職に追い込まれた。世にいう大正政変である。翌大正三年二月十日にも、桂内閣の後継内閣にあたる薩摩藩閥の山本権兵衛《ごんべえ》内閣を弾劾する国民大会が日比谷公園で開かれ、民衆が暴動化して軍隊が出動する騒ぎとなった。翌月の三月六日には、全国記者連合会主催の第一回内閣弾劾大演説会が帝国劇場で開かれ、八日に第二回、十五日に第三回の演説会がつづけて開かれていた。

この年外骨は満で四十八歳。十八歳の年に操觚《そうこ》の夢を抱いて上京してから三〇年が経過していた。「操觚」とは、現在でいう「文筆の筆をとる」という意味であるが、その夢は、この東京で『頓智協会雑誌』として実現し、大阪で『滑稽新聞』として花開いた。東京は外骨にとって、操觚の夢が実現し、それがもとで入獄までした、懐かしくもまた苦々しい青春の思い出の場所であった。

今回上京した大きな目的のひとつは、東京を中心に盛り上がりをみせる憲政擁護運動に加わることだった。東京美術学校（東京芸術大学）や帝室博物館（国立博物館）に近い、下谷区上野桜木町十七番地に居を構えた外骨は、上京後ただちに政治結社天愾《てんがい》社党に加入し、九月二十八日にはその評議員に選出されている。

天愾社党は、幹事長増田節太郎、幹事伊丹佐一郎、植田好太郎、岩崎英祐《えいすけ》、福島正明、宮崎勇三らにより結成された政党で、立憲政治にもとづいた民主主義政治を要求し、普通選挙の早期実現をスローガンとして掲げていた。機関誌『天愾』第二号に掲載された幹事植田好太郎の論文「被征服階級の心証焮衝《きんしょう》の危険」は、支配階級と被支配階級の階級的立場に立脚し、支配階級の失政が、被支配階級による暴動、あるいは革命を招来する危険性を説いている。為政者の腐敗をいましめ、民主的穏健な方法により、あくまでも言論を武器として、政治を変革しようとする天愾党の主張は、そのまま当時の外骨の考え方を知るうえで興味深い。選挙を経験した外骨は『滑稽新聞』の時代より思想的に現実的になっていた。

再度立候補

こうした政治活動のなか外骨は、大正六年四月の第一三回総選挙に、再度「選挙違反告発候補者」を名のって立候補した。今回も、前回同様、当選は最初から考えていない。外骨のようなふざけた候補者が存在すること自体が、表面では理想を説き、陰では自分の私利私欲にはしる偽善的候補者に対する諷刺となるのだ。彼らが外見上まじめであればあるだけ、外骨のからかいのおもしろさは生きてくる。選挙の投票日は四月二十日だったが、当時外骨が発行していた雑誌『スコブル』誌上には、はやくも投票日前から、四月二十三日に〝落選報告演説会〟を開くという、次のような予告記事が掲載されている。

憲政政治の根本たる選挙の意義を解せず、投票は頼まれてすべきこと、買う人に売るべきものと心得居るが如き、盲目的没理的の選挙民が多く、又其愚民に迎合する戸別訪問の叩頭手段を執《と》る醜劣な候補者、及び其候補者を喰い物にする悪辣《あくらつ》な運動者の多い現代では、我々の如き依頼状を発せず、戸別訪問せず、一人の運動員を使用せざる理想的立脚の正義硬骨な候補者は、到底当選し得る見込みはない、因《よ》つて前例の如く、来る四月二十三日午後六時より神田青年会館に於て「落選報告演説会」を開催し、主として選挙民に罵詈《ばり》痛撃を加え、併《あわ》せて当局幷《ならび》に被選挙者に痛棒を下すべき大気焔《きえん》を吐きたいと思って居る。

時代は進んだけれど、現代にもそのままあてはまる相変わらずのこの国の選挙の実態だが、外骨の怒りは、政治や選挙の腐敗を許してしまっている選挙民を「愚民」とののしるにいたる。選挙の結果外骨の得票は、東京選挙区で三票、大阪選挙区で三票の計六票であった。「如何なる人が投票したのか、其御方の御姓名を知りたい感も起る」と、落選報告演説会の内容を詳しく報じた『スコブル』七号の誌上に書きそえている。そんな物好きの人と会えばお互いに気が合うかもしれない、と外骨は考えたのだろうか。マイナスの価値に賭ける、というのがこれまでの外骨の生き方であった。

落選報告演説会

予告どおり二十三日に開かれた落選報告演説会には、警察の妨害もあったが、六〇〇人近い聴衆が集まった。二票の得票しか得られず落選した、活版所三秀舎の職工厚田《あつた》正二と、一二九五票で惜しくも落選した講釈師の伊藤痴遊も弁士として出席して盛会だった。外骨もその席で、金を使った候補者ばかり当選させる選挙民の愚劣を罵倒し、政府の堕落、政党の不健全を暴いて大いに気勢を上げ、三銭の入場料を払って集まった聴衆の喝采を浴びた。入場料をとったにもかかわらず、結果的に収支は七五円の赤字だった。会場費が六〇円、宣伝費などの雑費が一五円、入場料の収入一七円は手伝ってくれた人たちにふるまって使い果たしてしまった。会場の入口に、「貧民無料、新聞記者も貧民同様無料とす」と貼りだしておいたが、収入からみると、五六〇人以上の人が入場料を払って演説を聴きに来ていた計算になる。「もう少し多いと差し引き幾何《いくら》かの利益になるという珍現象を呈する所であった」と、『大阪日日新聞』はこの珍事を報じている。

普選要求の波

やがて、堺利彦《としひこ》、山川均《ひとし》、加藤時次郎、河野広中《ひろなか》などを中心とする普通選挙要求運動の波は、大正七年から八年にかけてしだいに高まっていった。外骨もその波に身を投じた。吉野作造や賀川豊彦などの学者や文化人に支持された運動は、労働者や学生を主体として、全国的に波及していった。吉野作造の唱えた「民本主義」の理念が、この運動を理論的に支えていた。

大正八年（一九一九）二月九日には、東京丸の内の海上ビルディングにおいて、河野広中が議長になって「普通選挙期成同盟会」が開かれた。その日の夜には、近くの日比谷公園で普選要求の大演説会が開かれ、堺利彦、佐々木照山などとともに外骨もその演説会に弁士として参加している。

また、この日は、早稲田・明治・中央をはじめその他私立大学一五校の学生が普通選挙要求の旗あげを行っている。同十一日には日比谷公園から国会議事堂に向けて三〇〇〇人の学生がデモ行進をした。十五・十六日には友愛会が中心となって学生とともに普選要求大会を開いた。三月に入ると運動はさらに拡大され、一日には東京で市民と労働者を中心に五万人規模の要求デモが展開された。

運動の波に押された原敬内閣は、選挙権者の納税額をそれまでの一〇円から三円に引き下げ、大選挙区制を小選挙区制に改める法案を議会に提出した。普選要求運動の勢いをそらすためである。野党の憲政会と国民党の若手議員はこれに対抗して普選法案を提出しようとしたが、急激な変化を憂慮する党の幹部におさえられ、けっきょく政府案が議会を通過することになったのである。しかし、中途半端な政府案はかえって要求運動を刺激する結果になった。普選要求運動はその後さらに強力なものになっていった。

米騒動から民本主義へ

米騒動

普選要求運動が高まりをみせていた大正七年（一九一八）八月十日、『東京朝日新聞』に次のような広告が掲載されて人々の注目を集めた。

米価暴騰問題に付《つき》市民諸氏に御相談　仕度候間《つかまつりたくそうろうあいだ》　有志家及生活難の御方々は来る十三日午後六時雨天順延日比谷公園音楽堂前に御来会　被下度候《くだされたくそうろう》　也

発起人　宮武外骨

大正三年からつづく第一次世界大戦による軍需景気は、日本国内に深刻なインフレを招いていた。商人の買い占め、地主による米や穀物の売り惜しみのため、米価をはじめとする物価の上昇は止まるところを知らなかった。時の寺内内閣は大正六年八月に暴利取締令を発したのを皮切りに、米・麦・小麦粉の輸出禁止令、外米再輸入管理令、外米管理令などを次々に公布して物価の上昇に歯止めをかけようとするが、朝鮮にビルマ米などの外米を供給し、安い朝鮮米を日本国内市場に供給しようとした政府の政策が、朝鮮の市場を混乱させ、かえって日本国内の朝鮮米の価格をつり上げる結果になった。

さらに悪条件が重なった。大正六年に起こったロシア革命以来、共産主義やドイツの東漸政策に警戒を強めていた日本政府は、大正七年八月にアメリカと謀り、シベリアに一万二〇〇〇人の軍隊を出兵した。沿海州、黒竜江州、バイカル州にかけてのアジア大陸にも六万の兵を出兵させた。この出兵の際の軍用米の買い上げ時期が、ちょうど米の端境期と重なったため、米商人や相場師の暗躍をゆるし、たとえば大阪堂島の米相場は、八月一日には三七円一〇銭だったものが、九日には五三円に急上昇するといったありさまであった。米価の上昇は、必然的に諸物価の上昇をひきおこし、庶民の生活を圧迫することになった。

大正七年七月、富山県下新川郡魚津町の漁港で、米の出荷を阻止しようとした漁師の妻約四〇人が警官隊と小競り合いのうえ退散させられるという事件が起こった。富山では米がたくさんとれるのに値が上がるのは米を県外にたくさん出荷するからだ、というのが阻止の理由だった。七月末から八月にかけても、近くの町で、土地の資産家に救助を求めて集まった漁師の妻たちが警官隊と衝突し、八月三日にはついに西水橋町で米屋や米の所有者が襲撃された。暴動化した騒ぎは周辺の町から村へと波及していった。世にいう〝大正の米騒動〟の発端であった。

騒動は八月十日から十五日にかけて、日本各地の大都市にも波及していった。名古屋・京都・大阪・神戸・呉などの都市で米穀商が襲われ、打ち壊しに遭い、米を強奪された。京都では警察力だけでは収拾がつかず、ついに軍隊が出動した。大阪では釜ヶ崎を中心に暴動が起こった。神戸では、買い占めを摘発された鈴木商店が群衆の放火によって焼き討ちにあい、鎮圧にあたった兵士の銃剣によって群衆に死者が出るという事態になった。さらに呉では、米屋を襲撃した群衆と海軍が衝突し、双方に二〇人の死者を出した。米騒動はやがて、首都東京にも波及した。

特高警察と談判

八月十三日には東京日比谷公園で米価問題についての市民大会が開かれているが、これは『東京朝日新聞』に広告として出された外骨の呼びかけに応じたものであった。

広告が掲載された八月十日の午前中、所轄の谷中警察署の小林・高山と名のる二人の高等刑事が上野桜木町の外骨の自宅にやってきた。署長が外骨に面談したいので至急来てくれという。警察が手配した人力車で、谷中署からさらに警視庁にまわされた外骨は松井という高等課長と会わされた。松井は、外骨が『東京朝日新聞』に出した集会広告に困り果て、なんとか禁止したいと考えていた。だが、禁止すればかえって騒動の火に油を注ぐ結果になりかねない。そこで外骨を説得して自発的に集会中止の広告を出させようと考えていた。

外骨は高等課長に対して、警視庁はこの集会を機会に、米価を下げるために庶民に協力すべきだと主張した。米価の高騰をおさえるには、応急策として政府が米価の最高制限令を出すか、あるいは米穀の強制収用を行うしかない。そのためには、群衆の力を利用して法令の発布を政府に迫り、いっぽうで群衆の力を奸商に示せば必ず効果があるにちがいない。むしろ警視庁は、群衆の暴挙を予防するために警官隊を派遣して集会の成功をはかるべきだ、というのが外骨の意見だった。高等課長の松井が同意できるはずはなかった。けっきょく集会は禁止され、外骨はやむなく集会中止広告の掲載を東京朝日新聞社に申し入れたが、中止広告は新聞に掲載されなかった。その事情について、当の外骨は後に「米騒動と宮武外骨」と題して、雑誌『赤』の中にこう書いている。

当時警視庁が予の届出た集会を禁止したから、予は其《その》禁止された旨、即ち集会取消しの広告文案を認《したた》めて朝日新聞社に送ったのであるが警視庁では同社に命じて其広告を掲載せしめなかったのである。（中略）これは警視庁の方では、禁止を命ぜられたと云う広告をすると、警視庁の圧迫を叫んで、群衆が反感を起し、一層激動するであろうとの懸念からであったのである。

しかし、結果的に、警視庁のおもわくは、逆効果になった。集会当日の十三日に、外骨の自宅に谷中警察署の高等刑事が派遣されてきた。外骨に禁足命令が出され、それを監視するためであった。外骨と刑事の間に小競り合いがあったが、結局外骨は集会に出席することができなかった。

暴動の嵐

外骨の広告をみた人々は集会場所の日比谷公園野外音楽堂前に続々と詰めかけてきた。そのなかに、当時まだ十八歳の青年だった仏文学者で詩人の平野威馬雄《いまお》もいた。しかし、待てど暮らせど主催者の外骨があらわれない。中心を失った群衆は動揺し、暴徒と化した。近くの、日露戦争のパノラマをみせるパノラマ館にまっ先に火がかけられたのを平野は目撃している。「きれいでしたよ、今でもよく覚えている」と、後に述懐しているが、平野はこの年、新潮社からモーパッサン全集の翻訳を出版して世の注目を集めていた。

交番や駐在所に火がかけられる。群衆は米屋を襲い、富豪の家を打ち壊した。鎮圧にあたった警官隊といたるところで衝突がくりかえされた。暴動は十三日の夕刻から翌十四日の早朝までつづいた。十四日の朝から外骨の自宅監禁は解除されたが、外出のたびに尾行巡査がつけられた。騒乱はやがて他の地方都市にも波及していく。十四日には浜松・岡崎・奈良・岡山、十五日には仙台・会津若松・横浜・横須賀・甲府・津・松山・門司と、八月二十日にかけて日本全国に拡大していった。十八日の朝、外骨は尾行巡査をつけたまま新宿駅から汽車に乗り、多摩川に鮎釣りに出かけた。釣りや泳ぎを楽しんで東京に戻ると、町は警官隊によって制圧され、騒ぎはすっかり鎮まっていた。

群衆の示威行動や暴動の起こったところは、三六市、一二〇町、一四五村の計三一〇カ所におよび、そのうち軍隊の出動したところは七〇市町村にのぼったといわれている。全国一道三府四三県のうち、まったく騒乱の起きなかった県は、わずかに青森・岩手・秋田・沖縄の四県にすぎなかったという。騒動に参加したものは優に一〇〇〇万人をこえた。刑事処分を受けた者八一八五人、そのうち起訴された者は七七〇八人、大正七年末までに裁判が確定し、懲役に処せられた者は二六四五人であったといわれる。

九月になって、騒擾罪の被告として外骨も起訴される。東京地方裁判所での審理には布《ふ》施辰治《せたつじ》が弁護にあたった。布施はトルストイや内村鑑三の影響をうけた人道主義者で、明治三十九年（一九〇六）の東京市電騒擾《そうじょう》事件をはじめ、米騒動、大正十二年（一九二三）関東大震災後の亀戸事件、同年の朴烈《ぼくれつ》事件、昭和二年（一九二七）の台湾農民組合騒擾事件、戦後の松川事件などの弁護にあたったことで知られる社会派の敏腕弁護士であった。騒擾の責任を外骨に負わせようとする検察に対して、騒擾の責任は治安当局にあり、外骨の法的手続きに手落ちはなかったと、一貫して外骨無罪論を展開して一歩も譲らなかった。外骨けっきょく、集会届を出していたことがきめてとなって、合法的な集会であったことが認められ、外骨は無罪となったのである。

吉野作造を知る

翌大正八年一月十八日。この日、東京の神田青年館で開かれた黎明会の第一回講演会に講師として出席した外骨は、はじめて吉野作造と出会うことになる。席上、経済学者の左右田喜一郎《そうだきいちろう》から、「私のもっとも尊敬する宮武君です」と、左右田の師にあたる福田徳三に紹介され、福田から黎明会を主催する吉野作造を紹介されたのだ。吉野はこの年、外骨より十一歳年少の四十一歳。三年前の一月に「憲政の本義を説いて其有終の美を済《な》すの途を論ず」と題する論文を『中央公論』に発表していらい、吉野の説く民本主義の理念が、大正デモクラシーを思想的にささえていた。

福田徳三は、東京高等商業学校（現在の一橋大学）に学んだ後ドイツのライプチヒ大学に留学し、そこで経済学を学び「日本経済史論」を書いてドクトルとなり、帰朝後は慶応義塾の教授を経て、後に母校の教授となった。「流通経済講話」「唯物史観経済史出発点の再吟味」「厚生経済研究」などの論文があり、社会政策論では生存権に立脚し、財産と労働とを平等化する人格政策を唱えた。明治末から昭和初期にかけての、経済学の研究や教育における最大の貢献者の一人と評価されている。左右田喜一郎は東京高等商業学校での福田の教え子にあたり、卒業後、やはり師と同じようにドイツに留学し新カント派の強い影響をうけ、経済学の哲学的基礎に深い関心を寄せた。帰国後は母校や京都帝国大学で、独自の経済哲学を講じた。『貨幣と価値』『経済哲学の諸問題』などの著書がある。

「黎明会」は吉野作造や福田徳三たちが『中央公論』などと連携して、前年の十二月に結成した民主主義の啓蒙思想団体である。会員二三名の中には、新渡戸稲造《にとべいなぞう》、穂積重遠《ほづみしげとう》、大山郁夫《いくお》、左右田喜一郎、三宅雪嶺《せつれい》、森戸辰男などの学者や言論人が含まれている。民主主義を骨子として、「戦後世界の新趨勢に順応して」「世界の大勢に逆行する危険なる頑迷思想を撲滅し」「世界人文の発達に於ける日本独特の使命を発揮すること」というのがその綱領であった。労働者や小作人の団結や争議行為を禁止した治安警察法第一七条の撤廃や普通選挙の実現を主張し、朝鮮統治政策などを強く批判していた。大正デモクラシーの思想的中核となる団体であった。

黎明会の講演会で出会った吉野と外骨は以後急速に接近してゆく。吉野の理論と思想は外骨を支え、外骨の博覧強記は吉野の理論を補強した。自由民権期からのジャーナリズム史に精通した外骨は、吉野の生き字引的存在であり、吉野は、世間から〝奇人〟と呼ばれる外骨の本質を的確に見抜いて理解した。東京帝大教授と反政府・反権力・滑稽・過激・猥褻で売ったジャーナリストとの関係は、やがて吉野が他界する日までつづくことになる。吉野は、外骨の晩年の生き方を決定した最重要人物のひとりであった。

雑誌『民本主義』

この時代、民主主義を意味するデモクラシーという言葉が、世間では流行語となっていた。『滑稽新聞』の顧問弁護士だった日野国明の息子で、外骨の養女三千代の兄にあたる慶応義塾の学生だった日野光雄は、好きな古川柳の解釈の教えをうけに、しばしば外骨の家を訪れていた。その時、外骨の家では妹の三千代が、デモクラシーをもじって、「でも、暮らしが良くなるんですものね」と、口癖のようにいっていたのを何度も聞いている。それほどまでに、当時の外骨は、家をあげて、デモクラシー（民本主義）に夢中になっていたのだ。

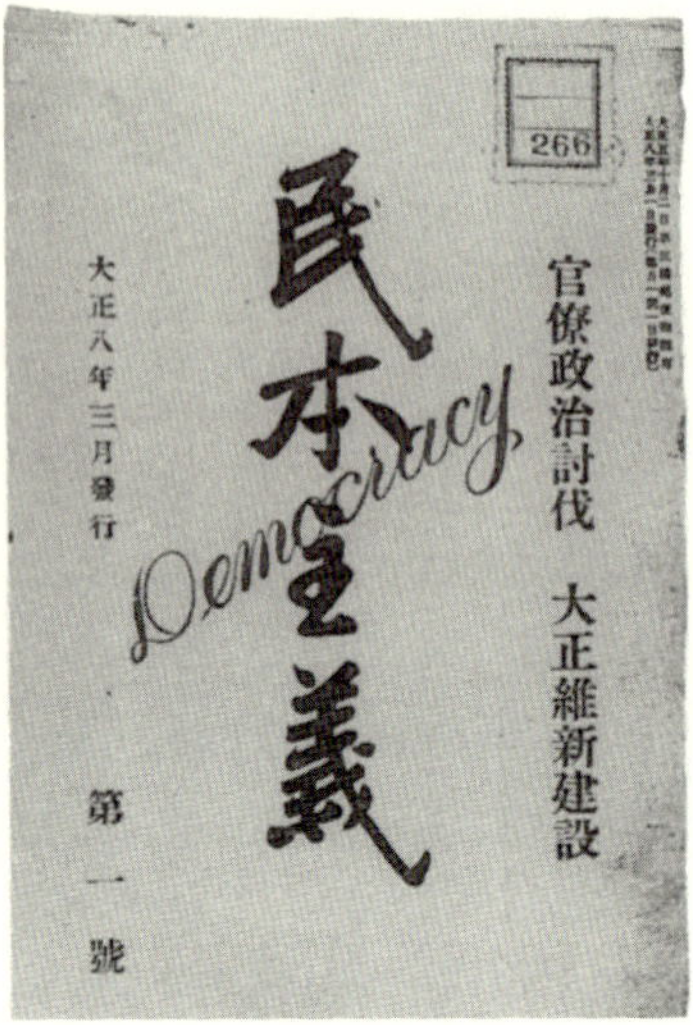

図7　『民本主義』

その年の三月になって、外骨は吉野の影響をうけて雑誌『民本主義』を創刊する。タイトルからもわかるように、外骨の雑誌としては異色の政治的な内容の雑誌である。

創刊の約一ヵ月前の二月六日に、外骨は印刷会社三秀舎の職工厚田正二とはかり、政治結社「民本党」を組織する。雑誌『民本主義』創刊号に掲載された「民本党則」第六条に、「本党の報告は当分の間雑誌『民本主義』紙上に掲載す」とあるから、『民本主義』は、民本党の機関誌をかねて発行されたようだ。

官僚政治討伐、大正維新建設をうたい、福田徳三、谷本富《とめり》、大庭柯公《おおばかこう》などの寄稿があったが、創刊からわずか四日後の三月五日の午後になって、内務省から発売頒布禁止命令を受け、創刊即廃刊の運命をたどることになる。この処分を指揮した内務省警保局長は川村竹治で、かつて『不二』の時代に、南方熊楠《みなかたくまぐす》の大山神社合祀問題で、弁護士の日野国明が談判におよんだ相手の和歌山県知事だったというのも皮肉な話だった。

この件で警視庁に出頭を命じられた外骨は、取り調べの高等課長の机上にあった朱点・朱線入りの『民本主義』の検閲用原本をこっそりと持ち帰ってしまった。持ち出してからその表紙に赤鉛筆で「役人の机上にあったものを拉《らっ》し来たるなり」と得意げに書いて、生涯身近に置いて大切に保存していた（現在は「明治新聞雑誌文庫」に所蔵）。

その検点（検閲の際に付す点）付きの検閲用原本によれば、「民本党　綱領」中の「国民の権利義務を平等」「徴兵制度を廃し」「異民族に対して自治権を与ふる事」「土地其他の産業機関に対し相当の賠償を以て漸次之を国有に移す事」の部分をはじめ、項目別にかぞえて一五項目の部分に朱点や朱線が施されている。吉野作造の唱えた民本主義と比較すると、外骨の「民本主義」は、社会主義思想に近い、当時としてはかなり急進的な内容のものだったことがわかる。

なかには、巻末に外骨が書いたと思われる「我時来れり!!」のなかの「無辜《むこ》（無罪）の者が四年二ヶ月間牢獄に繋がれた犠牲の賠償を得べき好機」という部分の「無辜」という活字が検閲で大きく赤丸で囲われているといったようなものもあり、外骨の怨念と検閲の意地が、真正面からぶつかり合っているようなものもあって、とても興味深い。「無辜の者が四年二ヶ月間牢獄に繋がれ」というのは、『頓智協会雑誌』や『滑稽新聞』での筆禍事件による外骨の入獄の事実を指していることはいうまでもない。

奇抜なアイディアの雑誌群

再び出版の世界へ

外骨が上京した大正四年（一九一五）から『民本主義』を創刊した大正八年にかけての五年間、外骨は普選要求運動や民本主義の運動に没頭していたわけだが、政治運動ばかりにかまけて本領の雑誌の発行を忘れていたわけではなかった。『袋雑誌』『スコブル』『男女性学雑誌』『迷信研究雑誌』などの代表的雑誌がこの時期に出されている。なかでも『スコブル』は、『滑稽新聞』とともに外骨を代表する雑誌であり、『袋雑誌』と『男女性学雑誌』『迷信研究雑誌』は、いかにも外骨らしいアイディアと珍奇な工夫のこらされた奇抜なスタイルの楽しい雑誌だった。

上京後最初の雑誌は、大正五年に出された『袋雑誌』である。これは、『猥褻《わいせつ》と法律』

『廃物利用雑誌』『我儘《わがまま》随筆』『裏面雑誌』、貝塚渋六（堺利彦）主筆『俚諺《りげん》研究』、長尾藻城主筆『漢方医学雑誌』、溝口白羊主筆『犬猫新聞』、安成貞雄主筆『ＹＯＴＡ』などの一二種類の雑誌をひとつの袋に封入したもので、現在のビニ本のように、買わなければ中身がみられないようにしたものである。「宮武外骨帰京披露」と銘打って宣伝され、続刊として、少年少女むけの娯楽雑誌『袋文庫』も企画された。

『袋雑誌』の発行人は、明治三十八年（一九〇五）創刊の滑稽諷刺雑誌『東京パック』の発行所である有楽社を経営した中村弥二郎である。大正四年十一月に『東京パック』を廃刊した中村は、新しく天来社をおこし、翌五年一月にこの『袋雑誌』を創刊したのだ。外骨の『滑稽新聞』をヒントに『東京パック』を出して成功した中村は、再び外骨のアイディアを借りて再起を図ろうと考えたのである。

ひとつの袋に一二種類の雑誌を詰めるという発想は、袋の裏に誇らしげに「古今無類新案意匠」と印刷されているように、いかにも外骨の雑誌らしい前代未聞の珍奇なアイディアといえるが、簡単にいえば、総合雑誌のもくじ項目を、それぞれ独立した分冊の雑誌として製本し、ひとまとめに袋詰めにしたものと思えばいい。

外骨は、こうした「新案意匠」の効用について、袋の裏に自慢げに次のように書いている。

此《この》十二種中、評判よき雑誌には一層の努力を加え、評判よからざる雑誌は直ちに廃刊して、更に新雑誌を塡補す。

此十二種中、不幸にして秩序紊乱《びんらん》若《も》しくは風俗壊乱として其筋より発売禁止の命令に接するものありたる時は、其塡補として別雑誌又は別冊単行本を添付す。

奇抜なアイディア

これまでの雑誌発行中に、幾多の経営不振と筆禍事件に苦しめられてきた外骨らしい切実な思いが、この奇抜なアイディアを生んだのだ。ユーモアは、しばしば追いつめられた苦しまぎれの発想から生まれるものである。中のいずれかの雑誌を発禁にすることはできても、『袋雑誌』全体を発禁にすることはできないはずだ。

『俚諺研究』主筆の貝塚渋六は、明治四十四年（一九一一）以来使われた堺利彦のペンネームだが、この時期の堺は、月刊『へちまの花』を改題した雑誌『新社会』を発行するなどして、社会主義の宣伝と組織活動に力を注いでいた。堺は、明治四十四年に外骨が資金を出して大阪で創刊された『大阪平民新聞』（後の『日本平民新聞』）の寄稿者でもあった。

また、『漢方医学雑誌』の長尾藻城《そうじょう》は外骨と同郷の香川県出身の医者で、父は順天堂病院を開いた佐藤尚中からオランダ医学を伝授され、高松藩の典医をつとめた。漢学の素養にもとづいた筆力があり、本業の医者のかたわら、大正三年には、医学者の田中裕吉（香涯）とともに雑誌『メヂチネール』（後の『医学および医政』）を創刊したり、『医文学』を主宰するなどして、医学雑誌の分野でも活躍した。外骨とは明治十四年（一八八一）以来の付き合いだったが、国粋主義思想の藻城と意見が合わなくなり、しだいに疎遠になった。やがて藻城は、昭和十一年（一九三六）に自殺して世を去った。

『袋雑誌』は、第二集を十二月に発売する予定で、子供向けの『袋文庫』の創刊も予告されるが、けっきょく予告だおれにおわり、創刊即廃刊の運命をたどった。天来社の中村弥二郎の資金不足が原因で、『袋雑誌』第一号の利益金すらも、中村の旧債権者に差し押さえられ、二号を発行する印刷代もままならない状態であったという。外骨の愛読者約九〇名が払い込んだ前金も使い込まれ、中村にかわって、外骨自身がその金額を穴埋めする事態になった。ちなみに、『袋雑誌』創刊号の実売部数について、『スコブル』第二号の記事によれば、「『袋雑誌』一号七千部、一万部印刷して三千部残」とある。

図８　『袋雑誌』の袋

図９　『男女性学雑誌』

またまた新式雑誌

大正七年一月に出された『男女性学雑誌』と『迷信研究雑誌』は、一枚の紙の両面に二つの雑誌が印刷されていて、それをA五判に折ると、表八ページが『男女性学雑誌』になり、裏の八ページが『迷信研究雑誌』になるという、きわめて珍しいスタイルの雑誌であった。『袋雑誌』同様、この時期の外骨は奇抜なスタイルの雑誌を発案することに情熱を燃やしていたように思える。

なぜそのような雑誌を考え出そうとしたのか。第一号の「創刊と廃刊」で、外骨自身は次のように説明している。

　何故《なぜ》斯様《かよう》なヘンテコの雑誌を発行するかという疑問も出るであろうが、これには大なる理由がある。此《この》形式は新雑誌発行の道楽者たる予としては、近頃の大発明であると自ら信じて居る、茲《ここ》に判り易く其《その》理由を説明すると此二雑誌の中いづれか一方は第六号限り廃刊するのである、比較的評判がよくないとか、面白い材料が尽きたとか云う方を廃刊して、更に新雑誌を塡充し、又一方の続刊する雑誌も第十二号限り廃刊して、更に新雑誌を加える、其新雑誌も亦《また》六号目或は十二号目には廃刊して、更に又新雑誌に代える、之《これ》を図式で示すと斯《か》く交代して、永久に新雑誌を続刊する右の方法であると、新たに読者を募集するにも及ばず、無造作に新雑誌発行の道楽癖を発揮し得るのである。

うまくいけば、発行者にとってはまことに都合の良い方法であるが、たとえば、一方の『男女性学雑誌』が風俗壊乱罪かなにかで発売禁止や発行停止を食らっても、もう一方の『迷信研究雑誌』をもとにして、また別の種類の雑誌を続刊することができる、というのもこの方法のひとつの眼目である。何度もの発売禁止や発行停止、罰金刑をかいくぐってきた雑誌発行者ならではの、ユーモア溢れる〝新案〟というべきだろう。

黒と赤と青の三色刷で印刷されたこの新形式の雑誌は、博文館印刷所で印刷されているが、「印刷所が三度印刷をイヤがり」（外骨『刊行目録』）第二号限りで廃刊された。

『スコブル』創刊

大正五年十月に創刊され、同八年二月まで二七号が発行された『スコブル』は、『滑稽新聞』や『頓智協会雑誌』とならぶ外骨の代表雑誌である。

月刊雑誌でありながら、二九ヵ月の発行期間に二七冊しか発行されていないのは、大正七年十月発行予定の二五号が十一月に遅れ、翌月発行予定の二六号が翌年の一月に発行されたためである。『スコブル』誌上に、感冒による体調不良がその原因であると外骨は書いているが、この時期の外骨は、同年八月の米騒動の集会広告事件での、当局による取り調べや裁判に対する対応に追われていたのだ。

一六号までの発行所は奇抜雑誌社、一七号から最終号までが、外骨個人の発行所である半狂堂になり、発売元が本郷四丁目にあった文武堂書店に移っている。外骨自作の『刊行目録』には、「瀬木博尚翁の援助で佐藤氏が発行して呉《く》れたが、後には編者の宅、半狂堂で発行した」と書かれている。瀬木博尚翁とは、広告代理店博報堂の創業者で、外骨の友人で援助者だった人物、また佐藤氏とは、神田駿河台鈴木町にあった佐藤出版部の佐藤泰雅のことである。

新しい発売元になった文武堂書店は、外骨の旧友であった山添平作が経営する書店で、その後『面白半分』『つむじまがり』『通俗心理　奇問正答』『裸に虱《しらみ》なし』『奇想凡想』などの外骨本を刊行している。

宮武が例の直言直筆、思う儘《まま》の事を書き、聞いた話は遁《のが》さぬという八ツ当りなので両人（瀬木と佐藤のこと）の迷惑一方ならず、交際場裏や取引先にも影響するので、大きに手こずって居た。（『スコブル』一七号）

というのが、どうやら発行所変更の真相らしい。外骨自宅の半狂堂から発行していた『男女性学雑誌』と『迷信研究雑誌』が好評だったので、外骨の「直言直筆」をもてあまして

図10　雑誌『スコブル』創刊号

図11　『つむじまがり』の表紙

いた瀬木と佐藤が、『スコブル』もついでに半狂堂から発行することを申し入れた結果の発行所の変更であったようだ。

佐々木照山との絶縁

一七号から発行所が変更されたのと同時に、新しく、佐々木照山（安五郎）が助筆者に加わった。満蒙《まんもう》独立運動の傑物だった川島浪速の妹を妻にして「蒙古王」と異名をとった佐々木照山は、明治五年（一八七二）に山口県に生まれた。鉱山業から台湾総督府の役人を経て、台湾で雑誌『高山国《たかさご》』を発刊し、『台湾民報』の主筆として総督府を攻撃していた時代に、『骨董協会雑誌』の失敗で借金を抱え台湾に逃亡していた外骨と知り合った。明治三十七年（一九〇四）に大和の資産家である土倉鶴松の依頼をうけ、内蒙古を探検して帰国して以来「蒙古王」の名で世間に知られていた。同四十一年（一九〇八）以後は、国民党の代議士として政界に進出していた。だが、玄洋社の流れをくむ、国粋主義の右翼団体である黒竜会の中心人物だった佐々木が、『スコブル』の助筆に加わったことに対する読者の反応はよくなかった。友人の弁護士、伊藤秀雄は「照山の助筆はスコブルの価値を損するものである、反省せよ」というし、医学者の田中祐吉（香涯）も、「佐々木照山氏が助筆となられてより、簡潔直截の記事を特色とせる貴誌が、足引の山鳥の尾の長々しき記事に嵩《かさ》むようになりてウンザリ致し候」と批判的であった。冗長な文体に対する批判は事実そのとおりなのだが、むしろ照山の政治的立場に対する婉曲《えんきょく》の拒絶だったというべきだろう。

こうした批判を紙上に掲載した直後の『スコブル』の表紙からは、「佐々木照山助筆」の文字は消え、寄稿の掲載もなくなっている。佐々木が『スコブル』の助筆者だったのは、一七号から二〇号までのわずか三ヵ月の間にすぎなかった。

後年、昭和九年（一九三四）一月に、照山が六十三歳で死去したことを知った外骨は、当時発行していた『公私月報』四一号に、「反動思想団体の頭目としての行動が、予の公的生活に不利と見て断然絶交」したと、当時の行動を振り返っている。

特別要視察人甲号

この時期、ほかに外骨が出していた雑誌としては、興味雑誌『奇』（大正三年五月）、『猥褻研究会雑誌』（同五年六月）、『赤』（同八年七月）が有名であり、『猥褻研究会雑誌』は、発売禁止になって創刊即廃刊、『奇』と『赤』は、ともに一文字だけの珍しいタイトルの雑誌だが、それぞれ宮武外骨主筆として七号まで続刊され、ことに、『赤』は創刊号が七万部売れて好評だった。労働運動が盛り上がり、社会主義が脚光を浴びていた時代だけに、社会主義やその主義者を意味する『赤』が注目を集めたのは当然の結果だったといえる。しかし、外骨自身が後に「赤と云ってもホント

図12 『赤』の誌面

ウの赤でなく、赤大根の如く中味は白であった」と述懐しているように、この雑誌は、その内容よりも、内務省の特別要視察人甲号に指定された外骨が、社会主義がもてはやされた時代に、社会主義を思わせるタイトルの雑誌を出したところにすべての意味があるといっても過言ではなかった。大正四年五月三十一日に、特別要視察人乙号の指定を解除された外骨は、『民本主義』発禁後の大正八年三月十四日に、再度、特別要視察人甲号に指定されていたのだ。また外骨が危険な雑誌を創刊したのではないかと、当局者に過敏な警戒をされれば、この雑誌の創刊の意図はほとんど達成されたも同然であった。

また、『山東京伝』（吉川弘文館）、『面白半分』（文武堂）、『つむじまがり』（同）、『裸に虱《しらみ》なし』（同）、『奇想凡想』（同）などの伝記や随筆集を次々と刊行したのもこの時期である。なかでも『山東京伝』は、京伝の研究書として今日でも高く評価されており、『面白半分』は、のちに、大正十二年に同名の随筆集が再度出版され、同名の雑誌が昭和四年に創刊されるなど、外骨にはとてもお気に入りのタイトルであったようだ。

普選要求運動から総選挙への立候補、民本主義の鼓吹、米騒動、そして、代表的な雑誌や著書のあいつぐ刊行と、この時期の外骨は、それこそ年齢的にも脂ののりきった、息つく隙もないかのような縦横無尽の活躍をみせた。やがてこの時に得た吉野作造をはじめとする人々との人脈が、その後の仕事のうえで、きわめて重要な意味を持つことになるはずである。

廃姓外骨

差別の根源の姓を廃止

大正十年（一九二一）四月、その月に出版した『一癖随筆』の中に外骨は次のような、おそらくどこにも前例がないと思われる、変わった〝広告〟を掲載した。おもしろいものなので、少し長くなるが引用してみる。

廃姓広告

人類が社会的動物となって以来、交際上の必要で、お互に「名」という符号を附けることになった、（略）それから社会が段々と進歩して、種族が出来た上、家系に重きを置くように成ったので、遂に「姓」とか「氏」とか云うものが出来たのである。これを冷静に考えて見ると、人類が各々「名」という符号を附けている事は、相手に便宜であり必要であるが、「姓」とか「氏」とかは無くても好いものである、（現に我国には姓のない御方がある）抑《そもそ》も種族という観念が生じたのは、利己排他がモトで、此《この》思想から戦闘が起るのであり、家系を重んずるという観念から差別心が出来たのである、されば苟《いやしく》も新思想家を以《もっ》て世間に立とうとする者は、その伝統的因襲に囚われないで、断然、断乎、この姓氏を廃棄すべしであろうと信ずる。

（略）斯《か》く唱道する予は「隗《かい》より始む」の例で、今後「宮武」という姓を用いない事にした、それには右に述べる理由の外、「宮武」という文字そのものが嫌いなのである、「宮」とは迷信的の文字であり、階級的の称呼である（此外に「宮」を男根切断の義にも使う、これもイヤだ）次に「武」は武道武術の武であり、武威武力の武であって、予の最も嫌いな武断政治の武である、それから「宮武」の二字は何を意味するのであるか、それも判明しない、斯かるイヤな文字を我名の上に冠するのは、予の不快とする所であり、又無意義な事であると思う、（略）

そしてつづけて、諸官庁からは姓の宮武をつけて呼ばれるだろうが、法治国家の一員である以上はむやみに反抗はしないが、それでも自分で署名するときは、宮武の二字を小さく書くつもりであること、そして、この宣言のことを承知で、今後自分あての郵便物に、宮武外骨と書いてきた者には返信をしないし、会ったとき宮武さんと読んでも返事をしない、と書き加え、最後を、「早く天下の外骨になりたい者である」と結んでいる。

半分人を喰った宣言のようにもとれるが、あとの半分は、きわめてまじめである。かつて『頓智協会雑誌』で、「万世一系の天皇」と「讃岐平民の外骨」をならべてみせた外骨の急進的な平等の意識は、ここでもまた、天皇と自分を同等に置くという表現上のレトリックによって主張されている。しかし、この宣言のうらには、外骨自身のある家庭的な事情が隠されていた。思想的な意見というだけでなく、個人的な感情の発露が、思想的な表現として表明されるところが、いかにも外骨的といえるかもしれない。なにしろ、一筋縄ではいかない表現なのだ。

娘の結婚

大阪から上京してすぐの大正四年（一九一五）十一月に、明治二十五年以来連れ添ってきた妻の八節《やよ》をバセドー病でなくしてから、外骨は娘の三千代と二人暮らしをつづけていた。『滑稽新聞』の顧問弁護士だった日野国明の娘だった三千代を養女として養子縁組し、一人娘として大事に育ててきたが、その三千代も、この年の四月で満十六歳になった。上野高等女学校の四年生である。

そんな外骨の上野桜木町の家を、二人の青年がしばしば訪れてくる。一人は、東京帝国大学法学部の卒業生、吉野作造の教え子にあたる石川清で、当時は大阪の住友総本店に勤務し、将来が嘱望されていた。もう一人は、慶応大学医学部の学生で、林髞《たかし》という青年である。林は、三千代の兄の慶大生光雄の友人で、詩人の福士幸次郎に師事する文学青年だった。後に探偵小説家として名をなした直木賞作家の木々高太郎である。二人の目的が、表面上は外骨にありながら、事実上三千代にあることはいうまでもなかった。

けっきょく、「文学者などより普通の勤め人のほうがいい」という三千代の意向で、石川に白羽の矢がたった。三千代が女学校を卒業するのを待って二人を結婚させようと外骨は考えた。三千代の結婚を前に、外骨は「廃姓宣言」をし、三千代を日野の家に復籍させたのだ。そのへんの気持ちを、博文館の『家庭雑誌』のなかで次のように語っている。

　親として私は唯《ただ》一人しかない子供を手放したくありません。殊《こと》に家内もない孤独な私にとって、子供を手放したくないのは、当然すぎるほど当然な事実だからです。然《しか》しながら私の本来の主義から云うと、他家から貰った子供に、例えばその子供はどんなに愛していたとしても、養子をすることは絶対に実行する事を赦さなかったのです。それに私が現在研究しているものがものだけに、娘に堕落させたくなかったからでもありました。（略）本人も養子を嫌っていましたし、私としても（略）養子と云う事は初めから私の頭の中になかったのです。（略）私が廃姓を称え出した重《おも》なる動機は、

（略）家内を失ってからです。勿論《もちろん》、家内が生きて居ても私は今のような廃姓を称えるかも知れませんが、それを早からしめたものは矢張家内の死と云う事が可成《かな》り大きな力を持っているようです。私は今後自分が生きている間この広い世の中で出来るだけ幸福に、自由に生きたいと願っています。（略）古典を調べる事、そして愉快に著述をしてゆく事、これが私の唯一の願いです。（略）私の人間としての血統は斯《こ》うして滅びて了《しま》いますが、私は著述の中に私の血統を残そうと思っています。

愛する者の死

大正十一年（一九二二）三月、三千代は上野高等女学校を卒業した。九月五日、石川の師で、外骨の友人だった吉野作造夫妻を媒酌人として、東京滝野川教会において石川家と日野家の結婚式が行われた。しかし、式場にもまた上野精養軒で行われた披露宴の会場にも、実父である日野国明と養父である外骨の姿はなかった。日野は養父への遠慮から欠席し、外骨のほうは、三千代との別れのつらさに耐えられなかったことと、「自分の主義として出席する必要を認めなかった」ことが、その欠席の理由であった。石川と結婚した三千代は、やがて夫の勤務地である大阪へ去った。

しかし、大阪での三千代の幸福は長くはつづかなかった。三千代に授けられた小さな生命が、皮肉にも若い母親の命を奪ってしまったからである。大正十三年（一九二四）七月二十二日午後六時頃、半狂堂の自宅で、次に出版する予定の川柳関係の書物を編纂中の外骨のもとに、一通の電報が届けられた。「ミチヨイマシンダ　キヨシ」。簡単な電文の内容は、愛娘の三千代の死を知らせる悲しいものだった。三千代十九歳。まさに、幸福が一転して凶に転じた、としかいいようがなかった。若いときに、実子の天民を一歳で亡くしたときといい、今回の不幸といい、外骨はつくづく家庭運には恵まれない男だったといえる。自分の好きなことをやって、自由に生きようとすれば、当然なにかが犠牲にされなければならない。しかし、それにしても、愛するものを三人までも失わなくてはならないとは、自由の代償として、それはあまりにも重すぎる非情な代償だったといわなくてはならない。

性の解放

三千代が石川清と結婚して大阪に去った二ヵ月後の十一月に、外骨は助手の池内昇次の紹介で、小清水マチ（末知）という二十八歳の女を家におくことになった。もと吉原で遊女だった女である。助手の西田長壽《たけとし》は、そういう素性の女を家に入れるのはよくないと反対したが、マチには、人に大きな声ではいえない、ある種の魅力があったのである。『自家性的犠牲史』という、自分の女性遍歴を赤裸々に綴った本のなかで、そのへんの事情を、次のように説明している。

予が彼女に執着した原因は、其《その》容貌姿態に惚れたのでなく、其気質性格に惚れたのでもない、七年間女性らしいヤサシイ言葉を聴かされた事もなかったのみか、何か気に入らぬ事があると、フクレ顔《つら》をして一日も二日も無言で居るような反抗態度に出られた事が月に一二回はあつたに拘《かかわ》らず、予が常に彼を愛撫して棄てなかった理由は、茲《ここ》に公言を憚《はばか》るべき一事の為《ため》であった。

「公言を憚るべき一事」が何を意味するかは、あらためていうまでもあるまい。マチは、その内縁という立場からか、以前の遊女だったときの放縦な生活が抜けないためか、服装・遊芸・旅行・観劇と、あらゆる浪費を求めてやまなかった。

もともと愛による結合ではなく、性的奴隷のような立場を考えれば、やむをえまいと、外骨はそうしたマチの姿を見て見ぬふりをして、やがてマチの希望で入籍もすませ七年が過ぎた。ところが昭和三年になって、家に置いた書生と、外骨の留守中に密通したマチは、外骨に疑われて問いつめられ、許されないと知ると、懐中していた猫いらずを服用して自殺して果てたのであった。死んだマチの懐中から、郷里の妹に宛てた遺書が発見された。その遺書には、「私は悪い女でした。死んでお詫びいたします」と書かれていた。問いつめられたとき許しを求めたマチを許しておけば、死なずにすんだものをと、寛容な処置をとれなかった自分の態度を、「我一生の不覚であり失態であつた」と、後に外骨は反省している。

しかし、気分転換も早かった。マチの死後約一週間しかたたない十一月二十四日、今度は三十九歳の水野和子《まさこ》と再婚した。外骨はこの時六十二歳であった。「煩悶排除策、心機一転策、且《か》つはテレ隠しの必要上、性的生活の必要上、家政整理の必要上、予は真の妻たる後継者の物色を急いだ」結果の、電撃的再婚であった。昭和十五年に和子が脳溢血で倒れ死亡したあと、稲田能子《よしこ》と再婚し、それが最後の妻となったのだが、稀代の好色家といわれ、性豪のようにいわれることの多い外骨だが、生涯に結婚四回、それもすべて死別によるもので、最初の結婚以前に同棲していた女を入れても生涯に五人の妻、それを多いと考えるか少ないと見るか、人によって見方はさまざまだろうが、同時に二人の女と関係したことのなかった外骨は、世間の評判よりはずっと清廉な女性関係を貫いたというべきだろう。

明治新聞雑誌文庫創設

『震災画報』の発行

大正十二年（一九二三）九月一日に起こった関東大震災は、さまざまな意味で、日本近代史上未曾有《みぞう》の大事件であったといってよい。それまでにも、日清・日露の戦争をはじめ、第一次世界大戦など、大事件はほかにもあったのだが、日本の首都機能がマヒするほどの大事件はほかにはなかった。東京での被害は、全壊焼失家屋四六万四九〇九戸、死者は九万一三四四人に上ったといわれている。

三日間にわたる地震による大火災は、おもに東京の下町一帯を焼き払って、九月三日になって、ようやく鎮火したが、火災が焼き払ったものは、ただ建物ばかりではなかった。近代以来、日本で発行された単行本・雑誌・新聞の多くが、一瞬のうちに灰燼《かいじん》に帰してしまったのである。火災が焼き払ったものは、それまで営々と蓄えられてきた、日本の文化そのものだったといえよう。

その大災害のなか、外骨は、震災の起こった九月から翌十三年一月にかけて、『震災画報』六回を発行して被害の状況、その原因、世相の混乱の様子などを報道した。外骨が、実際に災害の現場に出かけていって、現地で集めた情報を報道したルポルタージュであった。その報道のなかで、外骨は、朝鮮人虐殺事件の真相に筆をさき、その原因になった流言の出所が、治安当局そのものにあった事実をいちはやく喝破している。

かつて『骨董雑誌』を発行していた時代に、明治二十九年（一八九六）に三陸海岸をおそった大津波の被害を視察に出かけたことがあったが、実際に事件の現場に足を運び、自分の目で確かめた事実を報道するという点において、外骨は根っからのジャーナリストだったのである。

その取材のなかで、外骨は、自分が生まれ育った明治という時代の単行本や新聞・雑誌が火災により焼失していく事実を目撃した。それらを、いま残しておかなくては、日本の文化の伝統が絶たれてしまうのではないかという危機感を抱いたのだ。この時の体験が、後の明治文化研究会の設立や明治新聞雑誌文庫設立の発想として生かされることになった。

東京帝大の嘱託に

震災の翌年にあたる大正十三年二月、外骨は、東京帝国大学法学部教授中田薫から懇望されて東京帝大法学部の嘱託となった。中田は、師の宮崎道三郎が基礎を築いた日本法制史学を体系化した学者で、明治三十九年（一九〇六）に発表した「王朝時代の荘園に関する研究」は、日本史学上の古典として評価されている。外骨は中田とは震災の前年の春に、吉野作造を介して知り合った。震災の翌年には、半狂堂から中田の著書『徳川時代の文学と私法』を出版している。その資料を外骨が蒐集したのだ。若い研究者の古文書の解読を助けるために、週二回法学部に来てほしいというのが、中田の要請だった。中田に親しい吉野作造や穂積重遠《ほづみしげとう》教授からも強い支持があった。要請を受け入れた外骨は、江戸時代の制度・風俗・言語の調査に従事することになる。これが、外骨と東京帝国大学を結びつけるきっかけとなった。

その年の十一月、外骨は、吉野作造、尾佐竹猛《おさたけたけき》、小野秀雄、石井研堂《けんどう》らとともに明治文化研究会を組織する。関東大震災で近代日本の貴重な資料が数多く失われた教訓にもとづく会の創設であったが、その発案者は、かつて『此花《このはな》』の時代に、外骨の助手を約八年にわたってつとめていた井上和雄であった。「吉野作造先生を会長に、雑誌も発行したらどうでしょう」という井上の申し出に、外骨が井上を吉野に引き合わせ、吉野が賛同して会が発足した。機関誌として『新旧時代』を発行し、毎月十一日を例会日とさだめ講演会を開催し、近代史にかかわる資料を確保することにつとめることになった。

やがてそれらは、昭和四年に日本評論社から刊行された『明治文化全集』全一六巻となって実を結んだ。そして、『明治文化全集』は、次代を担う柳田泉、木村毅、石井良助、西田長壽など明治文化研究会の新しいメンバーによって、第二次大戦後も増補がつづけられ、昭和四十三年（一九六八）に全二八巻別巻一冊として完結したのであった。それらが、近代日本を研究するうえでの貴重な資料となったことはいうまでもない。

新聞・雑誌保存館の構想

大正十四年（一九二五）頃のある日、広告代理店博報堂の創業者瀬木博尚が、上野桜木町の外骨の家を訪れた。明治二十八年（一八九五）に創業した博報堂も五年後には創立三十五周年を迎えるので、それを記念して、創立当時から好意を寄せていた外骨に何かお礼がしたいと申し出た。外骨は、お礼といわれてもこまるが、記念事業ということなら、公共的なことで少しお願いがある——ということで、関東大震災による災害で、多くの国民的史料が失われてしまったこと、検閲のために内務省図書局に納められていた図書や新聞・雑誌も失われてしまったこと、いま新聞や雑誌を集めて保存しておかないと今後起こりうる災害でさらに貴重な史料が失われる恐れがあるので、この際、新聞・雑誌の保存館を設立してはどうだろうか、と提案した。明治文化研究会のメンバーのなかでも、新聞や雑誌の記事が資料として大変貴重なものであることが話されていたのだ。瀬木は、博報堂が今日あるのは、新聞・雑誌の広告を取り次いできたからだ、社にとっても私にとっても大変に意義のある事業だから、役員と相談したうえで返事をしたいと答えた。役員会が反対するはずはなかった。さっそく外骨の提案が実行に移されることになった。

外骨は最初、この「保存館」を財団法人として民間に設置したい意向を持っていた。しかし博報堂のほうでは、基金を東京帝国大学に寄付して、大学内のどこかしかるべき機関に付設し、その実際の長を外骨に担当してもらいたいという意向であった。外骨は、博報堂の意向をまず吉野作造にはかり、つづいて中田薫や穂積重遠に相談した。

保存館を東京帝大に設置

やがて瀬木は、明治時代の新聞・雑誌保存文庫設立の基金として一五万円の寄付を東京帝国大学に申し入れる。当時の一五万円は、米価をもとに単純に計算すると、現在の二億円以上の金額に相当する。内訳は、建築費五万円、新聞・雑誌の購入費用一万円、維持費九万円の合計一五万円である。寄付金の受納は大正十五年九月の評議会において決定されたが、設置場所で意見がわかれた。資料の性質からいえば、設置場所はやはり中央図書館か、あるいは文学部が適当と考えられた。外骨が内々に打診していた中央図書館長姉崎正治《あねざきまさはる》は、新聞・雑誌の研究は学問として適当でないし、資料的価値に疑問があること、一五万円の基金では充実させることが難しいのでは、と難色を示していたが、評議会の席上でも同様の理由で中央図書館への付設に反対した。

残るは、外骨に親しい教授が三人いる法学部に設置する以外に方法はない。彼らは、明治期の新聞・雑誌が研究資料として重要であることを十分に認識していた。彼らの説得で、多くの教授も賛意を表している。なかには、発想者が外骨で、外骨のもっている資料がもとになるのだと聞くと顔をしかめる者もいたが、そんな時は、「君は外骨君を誤解している。世間に偽善者は数多いが、外骨君は稀代《きたい》の偽悪者だよ」と弁護する吉野の言葉が説得力をもった。十月二十一日に開かれた法学部教授会では、寄付が一五万円なら、それにふさわしい仕事をすればいい、ほかで引き受けないのなら法学部で引き受けようではないか、ということで、明治新聞雑誌保存文庫の法学部付設が決定されたのであったという。

当時すでに外骨が蒐集していた明治二十年代（一八八七〜九六年）までの新聞は約五万枚、雑誌二万部五百十余種類、単行本は約一五〇〇冊にのぼっていた。そのすべてを、外骨とは旧知の間柄であった東京日日新聞社社長本山彦一が五〇〇〇円で買い取り、そっくりそのまま東京帝大に寄付したのであった。また、吉野作造が蒐集していた雑誌も所蔵されることになった。こちらは、瀬木博尚が五〇〇〇円で買い取り、同様に東京帝大に寄付されることになった。本山から外骨に渡された五〇〇〇円は、瀬木が東大に寄付した一万円の資料購入基金とともに、文庫の資料充実のために使われることになる。

やがて資料の宝庫に成長

事務主任外骨

瀬木の寄付金受理が決定されてから、外骨の日本全国にわたる資料収集の旅がはじまった。中折れ帽をかぶり着物姿にステッキをついて、背中には大きく〝東京帝国大学〟と印刷されたリュックを背負っての旅であった。関東地方、特に東京周辺にはさきの震災のため満足な新聞・雑誌は残っていなかったから、いきおい外骨の足は地方の旧家へと向けられた。大正十五年（一九二六）九月から昭和三年（一九二八）八月頃にかけて、大阪へ六回、山形・秋田・青森・盛岡・仙台へは二回、資料収集の旅に出かけている。慶応三年（一八六七）生まれの外骨は、昭和二年（一九二七）の正月に満で六十歳の還暦を迎えていた。まさに第二の人生をスタートさせるような意気込みで、資料収集の旅はつづけられた。

外骨が東京帝国大学から正式に明治新聞雑誌文庫の事務主任の辞令をうけたのは、昭和二年二月二十八日のことであった。この時、外骨は俸給五〇〇円を要求している。これは、総長の俸給と同額であった。一介の事務主任の俸給としては、常識的には法外な額であるとして当然認められはしなかったが、外骨も本気だったわけではない。ただ、これからあたろうとする仕事の重要性を、総長と同額の俸給を要求することで示し、杓子定規《しゃくしじょうぎ》な大学を、ちょっとからかってみたのである。結果的に、それまでの嘱託手当に五〇円プラスして、合計一〇〇円の俸給が支払われることになった。嘱託の身分とはいえ、外骨は六十歳になってはじめて、勤め人になったのであった。明治新聞雑誌文庫は、現在は赤門を入ってすぐの史料編纂所下の半地下にあるが、創設当初は、第一高等学校構内（現、東京大学農学部）の、本部建物の三階に仮設されていた。現在の場所に移転したのは、昭和四年（一九二九）十二月になってからのことである。二十五日に改装を急いでいた史料編纂所下の施設が竣工し、三日がかりの移転作業がすすめられた。翌年の正月にかけて、三が日だけを休んで作業はつづけられたという。三月に、書庫の大棚八四基が据え付けを完了した。そして、製本済みの新聞の書棚への収納作業とカード作り、やがて発行予定の蔵書目録作成のための台帳への記入と、それこそ目のまわるような忙しさだったことだろう。

所蔵目録発行

当時外骨が雇っていた事務員としては、蛯原《えびはら》八郎、稲田順三、池内昇次、それに服部、手塚の五名がいたが、それでも人手が足りないので、四月に入って、池内の友人で慶応義塾の経済学部を出た西田長壽が採用された。蛯原と池内、それに西田の三人は、外骨が東京帝大にはいる前の半狂堂の時代から助手をつとめていたことがある。なかでも、大正十二年に丸善を中途退社した蛯原の語学力は優秀だった。外国語を学んでいない外骨の外字新聞蒐集整理を助けたのがこの蛯原であった。蛯原は、後に明治新聞雑誌文庫での整理作業のひとつの成果として、『日本欧字新聞発達史』という著書をまとめた。日本における欧字新聞に関する貴重な研究として、蛯原の仕事は現在でも専門家から高く評価されている。もう一人の西田は、やがて外骨の跡を継いで、明治新聞雑誌文庫の二代目の主任となり、明治時代の新聞・雑誌の研究者として名をなした。

昭和四年七月一日、明治新聞雑誌文庫所蔵目録『東天紅』初編が発行された。発行者は広告代理店博報堂社長瀬木博尚。それまでに蒐集された新聞・雑誌は約四六〇〇種、関連図書五七〇種にのぼっていた。所蔵目録はそれを五十音順に配列し、許される限り写真を挿入して、目で見ても明治期の新聞雑誌の発達がよく読者に伝わるように編纂する、というのが外骨の方針であった。単なる索引におわることなく読み物としても十分に耐えられるものにしたい、と考えたのだ。その方針が現実に反映され、実際の『東天紅』は、見開きの左半分が目録で、右半分にはその実物写真が入るという、目録としては例外的にとても贅沢な作りとなっている。

『東天紅』のタイトルの意味について、外骨自身は何もいっていないが、辞書的には「東の空の紅が、夜明けを告げる」という意味である。日本の夜明けを告げた明治初期の新聞・雑誌を集めた資料館の目録だから『東天紅』と名づけたと考えるのが、いちばん素直で正しい解釈かもしれない。しかし、ここの資料が、第二次大戦後に生かされ、それまでの皇国史観にもとづいた歴史を書き改めることに役だったことを考えると、日本の本当の夜明けはまだまだで、『東天紅』に掲載された資料を研究することによって、本当の夜明けがやってくる、という意味がこめられているのかもしれないと思えてくる。『東天紅』は、その後、昭和十年（一九三五）十月に続編が出され、昭和十六年（一九四一）三月に第三編が出版されて、いちおうの完結をみることになる。前々年の、昭和十四年（一九三九）一月に、博報堂の瀬木博尚が八十六歳で世を去った。完結した『東天紅』の姿を見ることなく逝ってしまったのは残念であったが、瀬木との、いちおうの約束は果たせたと、最大の援助者を失ったことの痛手に耐えながら外骨は考えたことだろう。

『東天紅』第三編には、瀬木の死を悼む外骨の追悼文と、当時の明治新聞雑誌文庫管理者だった法学部教授穂積重遠の弔詞が掲載され、明治新聞雑誌文庫に対する瀬木の貢献をたたえている。

資料の果たした役割

その後、昭和五十二年（一九七七）、明治新聞雑誌文庫創立五十周年にあたって刊行された『新聞目録』によれば、新聞約一八〇〇種類、雑誌約五七〇〇種類の資料を所蔵する宝庫に成長している。『東天紅』初編が刊行されてから約五〇年の間に、外骨とその後継者たちの努力によって、創立当初の所蔵量のほぼ二倍近い種類の新聞・雑誌が集められたことになる。関連図書にいたっては、約一〇倍近い五一七五タイトル（昭和五十八年（一九八三）時点）にふくれあがった。新聞・雑誌にくらべて図書の増加量が多いのは、図書は人々に保存されやすく残されやすいのに対して、新聞や雑誌は、読み捨てられて保存されているものが少なく、それだけ蒐集が困難だからである。屑を選別するような外骨たちの作業に対して、「紙屑を集めるようなものだ」という陰口もささやかれたという。

外骨の後継者だった故西田長壽氏の話によると、外骨は当初、明治新聞雑誌文庫の所蔵新聞を、明治二十年（一八八七）頃までのものに限定したいと考えていたらしい。それは、商業主義化する以前の、それぞれの主義主張をもった自由民権期の新聞や雑誌こそが、本当の意味でのジャーナリズムであると考えていた、ということであろう。しかし、資料としてみれば、それ以後の時代の新聞・雑誌も貴重であることはいうまでもない。したがって、現在の明治新聞雑誌文庫には、明治二十年代以降から大正時代にかけての資料も所蔵されている。

やがて、それらの資料は、近代日本の政治史・法制史・経済史・社会史・文学史・マスコミ史・文化史などの分野を研究する資料として活用されることになる。昭和五十二年の時点で、東京大学以外の学外の利用者は、年間約二〇〇〇人、外国人利用者は、年間約一〇〇人におよんだという。研究者以外にも「全集」や「講座」を刊行する出版社や、また地方史や社史の編纂にも、その土地や社にもなくなってしまった貴重な資料を提供することになった。

岡義武・石井良助・丸山真男などの東京大学法学部の学者たち、柳田泉・遠山茂樹・家永三郎・萩原延寿などの他学の研究者たち、臼井吉見・中野好夫・三島由紀夫などの評論家や作家たち、そして、外国人の日本研究家であるE・H・ノーマンやM・B・ジャンセンなど、明治新聞雑誌文庫の資料を利用して貴重な研究成果をあげた文化人は、有名無名を問わず、それこそ枚挙にいとまがないといっても過言でないほどである。

それにしても、日本の真の意味での夜明けは、その後、はたしてやってきたのであろうか。

戦中の外骨

最後の出版活動

旺盛な出版活動

明治新聞雑誌文庫創設前後の多忙のなか、大正十年（一九二一）から昭和六年（一九三一）頃にかけて、外骨はきわめて旺盛な出版活動を展開している。それまでのような雑誌の発行はめっきり減ったものの、かわりに単行本の出版が増えた。かつて発行していた雑誌に書いた文章を、テーマ別にまとめ、増補したものので、明治文化研究会との関連で、明治文化に関するテーマの本がその中心になっている。

自身の半狂堂を版元して出版されたものに『売春婦異名集』（別名『笑ふ女』、大正十年十月）、『半男女考』（同十一年五月）、『私刑類纂』（同十月）、『賭博史』（同十二年五月）、『川柳語彙』（同十一月）、『川柳と百人一首』（同十三年九月）、『川柳や狂句に見えた外来語』

（同月）、『猥褻と科学』（同十二月）、『明治奇聞』（同十四年一月〜十五年六月）、『文明開化』（同十四年七月〜十五年九月）、『明治資料』（昭和二年十月）、『すきなみち』（同月）、『アリンス国辞彙』（昭和四年五月）などがある。また、半狂堂以外の版元から出版されたものとしては、有限社から『明治演説史』（大正十四年四月）、『明治密偵史』（同十五年七月）の二冊と、大阪出版社から出した『自家性的犠牲史』（昭和六年四月）がある。

『売春婦異名集』はそのタイトルのように〝売春婦〟のさまざまな呼称をあげ、解説を加えたものだ。〝アリンス国〟とは〝吉原〟のことで、そこで使われていた里言葉をあげて解説したものだ。『半男女考』は、いわゆる〝ふたなり〟についての研究であり、『すきなみち』は、当時の外骨にとっての〝好きな道〟である明治期の新聞・雑誌についての考察をまとめたものであった。『賭博史』は、かつて『不二』の時代に知り合った国文学者で民俗学者の折口信夫《おりくちしのぶ》のすすめにより書かれたもので、類書の少ない、外骨ならではの貴重な仕事といえる。そして、自分のそれまでの女性遍歴を赤裸々に綴った『自家性的犠牲史』と、外骨の代表的な著作のほとんどが、この時期に出版されていることに改めて驚かされる。なみの還暦前後の人間とは比較にならない、すさまじいまでのエネルギーとスタミナの持ち主だったのだ。

これだけ単行本のほうにエネルギーがさかれると、雑誌のほうには手が回りかねたとみえて、さすがに数は少ないが、それでも『変態知識』（大正十三年一月〜十二月）、『面白半分』（昭和四年六月〜十一月）、『公私月報』（同五年十一月〜十五年三月）といった、よく知られたタイトルのものをこの時期に出している。

タイトルだけ見るといかにも怪しげな『変態知識』は、古川柳の研究雑誌であり、普通の人間には不必要な変わった知識だから〝変態〟なのであった。『公私月報』は、明治新聞雑誌文庫の資料蒐集状況の〝公〟と、自分の日常生活についての報告である〝私〟とを毎月報じた小冊子で、小人数の読者を対象に一〇九号まで続刊された個人通信紙のようなものである。内容的には、明治期の新聞や雑誌を研究するうえで、貴重な資料が多く含まれている。

『面白半分』創刊

『面白半分』は、第二次大戦後になって、吉行淳之介、五木寛之などを編集長に同名の雑誌が発行され、野坂昭如編集長の時代に、荷風作ともいわれる「四畳半襖の下張り」を掲載して、猥褻文書として摘発され裁判を闘ったことで有名となり、外骨の代表雑誌のように長い間いわれつづけてきたものである。しかし、タイトルの奇抜さほどには、その内容は新鮮なものではない。やはり、外骨の代表雑誌は、内容のうえからも『滑稽新聞』であり、『スコブル』である。『面白半分』は、さしずめタイトルのうえでの代表雑誌というべきであろう。あまり売れなくて、「取次販売店が残本を荒縄で縛つて返すのが癪《しゃく》に障《さわ》り廃刊」したと、外骨はその自作の著作目録のなかで当時を述懐している。

それ以後の外骨は、新聞・雑誌にたまに寄稿することはあったが、まとまった著作を発表することはまれになった。昭和七年（一九三二）以後公刊された著作物としては、昭和十六年（一九四一）三月に名取書店から刊行された『府藩県制史』、同二十一年（一九四六）に竜吟社から「明治社会主義文献叢書」の一冊として出された『大逆事件顚末』、そして、同二十七年（一九五二）に金竜堂から出された『川柳江戸姿』の、わずか三点を数えるだけである。老化によるエネルギーの衰えというよりも、明治新聞雑誌文庫の資料充実にその全精力を傾けていたためと、戦争にのめり込んでいく時代のなかで、自由な著述活動ができなくなっ

図13　雑誌『面白半分』創刊号

てしまったことがその原因であった。しだいに外骨という名は世間の人々から忘れられはじめていた。

やがて日本は、日中戦争から太平洋戦争へと引き返すことのできない泥沼の戦争の道を突き進んでゆく。

言論を封じられた操觚者

外骨の「とぼけ」

そんな時代のなか、昭和十八年（一九四三）四月中旬、外骨はそれまでの「ぐわいこつ」（がいこつ）という読み方をやめて、和訓の「とぼね」に改めるという通知はがきを友人知人に送付した。通知を受け取った友人の一人である小林一三《いちぞう》は、その返信の最後に「とぼけと間違へたり」と書き加えて、この「改名」が外骨一流の「とぼけ」で、本心ではないことを鋭く見抜いている。自由な著述活動を封じられ、世の中から忘れ去られようとしているいまの自分に、かつての「ぐわいこつ」の面影はない。そのことを外骨流に表現したのが、この「改名」通知だったと考えるべきだろう。したがって、外骨は生涯にわたって、「ぐわいこつ」だったのであり、「とぼね」などと呼ぶべきではない。

それは、そのはがきの最後の文面を読み合わせれば明白だった。皮肉たっぷりに書く外骨の筆は、当時の世相をも諷刺して痛快である。

> 先日或人が或人に対して「あのガンヂーに似た顔の宮武外骨はマダ生きて居るのですか」と云ったそうです、事程《ことほど》さように、人間は生きて居るうちに葬り去られる事もあるものです、誠に忌々《いまいま》しい世の中じゃありませんか
>
> 　昔とった筆つかの猛者《もさ》、今は天下無類明治文庫の要人
>
> 　　悪く云えば東大の飼殺し、銃後の配給品喰潰し部隊員　みやたけ　とぼね　記

まさに、あらゆる日本人が「生きて居るうちに葬り去られる」時代だったのだ。若い命は途中で絶たれ、自由な言論は封じられた。生きているうちに殺されてしまったのは、ひとり外骨ばかりではなかったのである。

では、そんな悪しき時代を、外骨はどのようにしてやり過ごしていたのであろうか。この「改名」通知はがきの前に発送された、「がたひし」と題された通信はがきのなかに、「ワタシが熱心編纂中の絵葉書類別大集成」という言葉がみえるように、この時期の外骨は、さまざまな絵葉書を集めて、それを自分好みのテーマ別に編集する作業に日夜没頭し

ていたのだ。その作業を助手として手伝うために『此花』で外骨の助手をつとめた、井上和雄が呼ばれた。

外骨の戦中日記

昭和十九年（一九四四）九月から二十一年二月にかけての外骨の日記が残されているが、そこには、時局についての記述はほとんど見られず、絵葉書の編集作業と、食糧の買い出しと、魚釣りに明け暮れる外骨の姿が読みとれてとても興味深い。

太平洋戦争末期の昭和十九年という年は、六月十五日から七月七日にかけて、アメリカ軍がサイパン島に上陸し、日本軍の守備隊が全滅し住民一万人が死亡したのをはじめ、八月三日にはテニアン島の日本軍が全滅、同月十日にはグアム島の守備隊が全滅するなど、戦局は、しだいに日本にとって最悪な方向へとむかいつつあった。八月四日には、学童集団疎開の第一陣が上野を出発し、当日の閣議では国民総武装を決定、本土決戦に備えて竹槍訓練などが本格化している。

そんな年の九月六日から外骨の日記は書きはじめられている。日記といっても、大学ノートに鉛筆で記された断片的なメモで、断片の隙間を埋めるためには想像力の助けがかなり必要だが、当時の外骨がどんな生活をしていたかがよくわかり、とても興味深いので、食糧の買い出し、魚釣り、絵葉書の編集作業という三つのテーマにしぼって、当時の時代背景を交えながら引用してみる。

買い出しの日々

まず、日記は、九月六日に千葉県の浦安に買い出しに行ったことから書き始められる。

午前四時発　下総東葛飾郡　千葉県浦安町　二泊予定　宿屋なし　即日帰宅　午前三時　買収品　小黒鯛　約五十尾　白米五合と交換　鰻（料理済）二百匁　十五円　梨（二十世紀）五個　干瓢《かんぴょう》束五円　外十円　吉野照子来訪―ブドウ酒貰ふ　五円

吉野照子は「輝子」の書き違いで、輝子は外骨の当時の妻だった能子のすぐ下の妹にあたる。筆者の母である。浦安へは、同月の十四日・十七日・二十二日・二十七日・二十九日にも出かけており、蟹・コハダ・蛤やアサリ・イワシ・セイゴなどの海産物や、梨や塩などを入手している。ほかには二十四日に船橋に出かけ、ハゼ五〇尾を買いだしている。浦安も船橋も、ともに東京からはもっとも近い漁師町である。当時、東京の高円寺に住んでいた外骨にとって、中央線と総武線を乗り継いで行ける浦安や船橋は、比較的便利な買い出し地だったのだろう。

九月十一日　月　午後　帝大より神田駅―立川

谷保　原田、トリ　卵、イモ一貫目
沢井　イモ少々、クリ

この日から曜日の記入がはじまる。穀物や農産物の買い出し地は立川や金町だったようだ。「帝大」は、いうまでもなく明治新聞雑誌文庫のある本郷の東京帝大である。「神田駅―立川」とあるように、立川へは中央線一本で行けるし、金町へは上野から常磐線に乗れば、三〇分とかからずに行けたからである。谷保《やほ》は立川で南部線に乗り換えて三つめの駅、「原田・沢井」というのは、おそらく訪問先の農家の名前であろう。金町では、「太田」という家を訪れていたらしい。

立川の原田さんや沢井さんの家からは、麦やうどん粉、イモに栗、ユズ・ナス・スイカ・カボチャ・ねぎ・ゴマ・油・糠《ぬか》・鶏卵・鶏肉、それに饅頭《まんじゅう》などを入手している。鶏卵と鶏肉は原田さんの家からだけ買っているところをみると、原田さんの家では鶏を飼っていたのだろう。金町の太田さんの家からは、柿やリンゴなどの果物類やニンジン・ヤツガシラなどを購入している。金町へは九月十日と三十日の二回だけしか訪れていないのに対して、立川へは同月の八日・十一日・十六日・二十三日、十月一日の五回訪れている。入手した品目をみてもわかるように、立川のほうが明らかに品数が豊富で、少々遠くても行く価値があったからである。

外骨の疎開

九月いっぱいに浦安・船橋・立川・金町へと頻繁に買い出しに訪れ、食料が豊富だったからであろうか、十月一日に立川へ行ったのをさかいに、その後しばらくの間買い出しの記述はみられない。再び買い出しの記述があらわれるのは、十一月十二日になってからである。この日は日曜日だったが金町に出かけ、水元の太田さん宅から酒一本・酢・凍り豆腐・ネギ・干瓢を購入し、翌々日の十五日には立川の沢井さんや原田さんのもとを訪れて、麦・イモ・落花生・鶏卵を入手している。その後、同月の二十二日には早朝から鶴見へ行き、砂糖・煮干し・米などを購入し、二十三日には再び立川の原田さんと沢井さんを訪れ、その足で、南多摩郡関戸の石坂・関井さん宅を訪れている。

この年の十二月十五日に、その関井さんの家に外骨は疎開することになるのだが、もしかするとこの時に、その話がまとまったのかもしれない。立川の原田さんか沢井さんの紹介で、関井さん宅を訪れた可能性は高い。おそらく、「こんなにしばしば買い出しにいらっしゃるのは大変でしょう、それならいっそのこと、東京も危なくなっていることだから、南多摩にでも疎開なさったらいかがでしょう」というような話があって、外骨は疎開する気になったのだろう。その後買い出しの記述はなくなり、かわりに、引っ越しの準備に忙殺される様子が日記からは読みとれる。

十月二十日、アメリカ軍レイテ島に上陸。

同月二十四日、レイテ沖海戦で、日本は連合艦隊主力を失う。

十一月一日、Ｂ29爆撃機、マリアナ基地から東京を初偵察。

同月二十四日、Ｂ29七〇機が東京を初爆撃する。

外骨はこの日、神田で開かれた古書会に行き、空襲にあう。いったん明治文庫にもどり、午後六時に高円寺の自宅に帰った。翌日、翌々日と連続で空襲警報が発せられる。二十六日に、自宅の庭に防空壕を掘る。翌日防空壕の修理。二十九日の夜半、空襲警報。庭の防空壕に避難し、夜を明かす。朝方雨が降る。いよいよ東京も危なくなっていた。

十二月四日、妻能子とともに南多摩郡多摩村大字和田の関井覚次郎氏方に疎開。同十七日、疎開の通知はがきを友人知人に発送する。

絵葉書の編集と魚釣りの日々

絵葉書帖の編集

絵葉書編集のことが「エハガキ」として日記に最初に登場するのは、昭和十九年九月二十日のことであるが、それより以前の十二日に、『此花《このはな》』のときの編集助手で、明治文化研究会の発案者だった井上和雄が、神奈川県藤沢市より、明治文庫に呼ばれた。この日のことは、外骨の日記に、「十二日　火　帝大のみ井上和雄来る（初日）」と記されている。いらい井上は、外骨の「エハガキ」の編集を手伝うために、藤沢の自宅と東京本郷の明治文庫の間を往復することになる。

九月十二日に井上和雄が藤沢から呼ばれ、二十日に「エハガキ」という記述のあったあと、次に絵葉書についての記述があらわれるのは、同月の二十八日になってからである。

木　大学　絵葉書払い下げ問題解決す

おそらく明治新聞雑誌文庫で蒐集された絵葉書を、東京帝大と交渉して、私的目的のためのために払い下げてもらえることになったのであろう。十月に入ってから、明治文庫での絵葉書の編集作業が本格化する。

四日　水　降雨（終日）　床上にて図案入りエハガキ整理
七日　土　暴風雨　在宅　絵葉書「図案つき」と「庭園」を編成す
十日　火　大学　絵葉書整理
十二日　木　前夜来雨天　エハガキ「松竹梅」に着手
十三日　金　大学　エハガキ、夜間「松竹梅」完成

と、ほぼ連日のように「エハガキ」の編集作業はつづけられた。時にそれは深夜にもおよび、明治文庫に泊まり込んでの作業もあったようだ。昭和十九年十一月二十八日の日記に、「火　大学　瀬木氏来る　エハガキ渡す」と記述されているところから推測すると、この作業は、博報堂の瀬木博信氏の依頼によってはじめられたものらしい。瀬木氏が訪れたという記述とあわせて、金額が記載されているのは、おそらく、この絵葉書の編集作業に対しての報酬だったのだろう。

こうして、絵葉書の編集作業は、同年の十一月十七日までつづけられ、日記によるとその間に編集された『絵葉書帖』は、「図案つき」「庭園」「松竹梅」「日本三景」「団体」「野」「田植」「和歌」「衣服」「屏風絵」「骨」「七福神」「すゝき」「俳句」「四階家五階や」「相対語表」の一六タイトルであった。その後は、戦局の悪化から南多摩郡多摩村へ疎開したのをさかいに、日記から「絵葉書」の記述はみられなくなり、再びあらわれるのは敗戦後の昭和二十年八月二十二日になってからである。同年の十月三日に、「絵葉書九帖を瀬木氏へ渡す」という記述があるのを最後に、絵葉書の編集作業はおわったようだ。その間日記には「三代美人」「芝居」「病院」「善光寺」というタイトルの記載が残されている。

無意味な編集の意味

こうして外骨が、戦争末期から戦後の一時期にかけて、井上和雄を助手に編集した『絵葉書帖』は、全部で二二三タイトル、絵葉書の枚数にして二万八〇〇〇枚にものぼる膨大なもので、そのほとんどが現在も東京大学法学部内の明治新聞雑誌文庫に保管されている。

たとえば、そのなかに「笑ふ女」という、いかにも外骨好みのタイトルのものがあるが、それは女性の笑顔の写った絵葉書を、レイアウトに気を配って、写真アルバムに貼り付けたものだ。また「なかよし」というアルバムもあるが、それは、いかにも仲のよさそうな女性が二人でならんでいる絵葉書を集めたものだ。ただこう書いただけでは、どうということもないものだが、実際に笑っている女や仲良しの女が次々と現れるアルバムを眺めていると、なんとも不思議な気持ちになってくる。どんな難しい気分で眺めていても、途中から思わず引き込まれてしまい、ほほえましく楽しい気分にさせられてしまうのだ。あの暗い戦争の時代に、こうした明るい気持ちにさせるアルバムを編集していた外骨の気持ちがよくわかるような気がする。

ほかには「鵜《う》の目鷹《たか》の目」というアルバムもあって、これは、遠景に小さく人物が写った絵葉書ばかりが集められている。そして、たとえば、絵葉書のなかに小さく写っている人物に朱色の色紙で、小さく矢印の形に切られたものが張り付けられていて、欄外に「何をしつつあるかこの二人」などというコメントが書き込まれている。「愛らしき舞妓二人」とか「魚を釣り上げたり」というように、ぼんやり見ていたら見落としてしまうような小さなものを見つけて、短くコメントをつけているのだ。おそらくルーペを使って、ありあまる無聊《ぶりょう》の時間のなか、ひとり想像力の悦楽の世界にふけっていたのだろう。

世の役に立つことは、すべて戦争のためだった悪しき時代に、なんの役にも立たない無意味でナンセンスとも思えることに夢中になっている外骨の姿は美しい。アルバムのなか

図14　絵葉書帖『笑ふ女』の一部

には、「馬鹿」などというタイトルのものもあって、馬と鹿の写真を並べて、そのなかにさりげなく軍服姿の馬上の人物を配置して、間接的に「バカ」と罵っていると思えるものや、戦中の戦意高揚絵葉書ばかりを集めて軍閥を罵倒した、「ざまみろ」などというものも含まれている。忌まわしい戦争をひきおこした者たちへの外骨の批判は、重く厳しく、思わず罵倒せずにはいられない切実な気持ちがよく伝わってくる。

雑魚釣りの毎日

昭和十九年十二月四日に南多摩郡多摩村に疎開してから、敗戦後の二十年（一九四五）八月二十三日まで、外骨の日記に絵葉書についての記述がなくなることは前に述べたが、かわりに増えてくるのが「魚釣り」についての記述である。多摩村に疎開してまもなくの十二月二十二日に「中河原　ザコ九尾」の記述をはじめとして、以後、釣りに出かけた記録が増えてくる。中河原というのは、多摩村の近くを流れる多摩川中流域の河原で、多摩村大字和田の外骨の疎開先からわずか二キロほどの距離である。近くには大栗川という支流も流れ、釣り場には事欠かなかった。釣り好きの外骨には、たまらないシチュエーションであった。昭和二十年二月十六日から十七日にかけて、アメリカ機動部隊の艦載機一二〇〇機が関東地方の各地を攻撃する。翌十九日、アメリカ軍、硫黄島上陸。三月十七日までつづいた激しい戦闘により、日本軍の守備隊全滅。

戦死者二万三〇〇〇人。四月一日、アメリカ軍沖縄本島に上陸。五月八日、日本の同盟国だったドイツが降伏。同月二十四日、午前三時頃の空襲により外骨の高円寺の自宅全焼。八月六日、ポツダム宣言を「黙殺」する日本に対し、アメリカは広島に原子爆弾を投下、死者二〇万人。同九日、長崎に原爆投下。八月十五日敗戦。その前後の外骨の日記。

八月四日　土　晴　半日横倉橋上にてツリ十三
　六日　月　晴　半日横倉橋上にてツリ三

「十三」とか「三」とかいう数字は、いうまでもなく釣果をあらわしたものだ。七日から十一日にかけて、早朝から「藪中」というところで半日魚釣り。翌十二日も釣り。十三日から敗戦の十五日にかけても釣りはつづくが、その記述はいたって素っ気ない。

八月十三日　月　ツリ五
　十四日　火　降伏　ツリ二
　十五日　水　ツリ
　十六日　木　晴　久しぶり東京行　ツリなし

敗戦の日も魚釣り

八月十四日が「降伏」となっているのは、この日の御前会議でポツダム宣言受諾が決定され、連合国に通知された日だからだろう。天皇は即日戦争終結の詔勅を録音。翌十五日の正午に録音が放送され、人々は戦争が終わったことを知ったのである。『頓智協会雑誌』での筆禍以来、外骨が約半世紀にわたり闘いつづけてきた藩閥・軍閥政府の崩壊であった。

それにしても、中折れ帽に和服姿、インバネスを羽織って、毎日のように近所の川を釣り歩く外骨の姿を、戦時下の日本人ははたしてどのように眺めたことだろうか。いくら八十歳近い老人とはいえ、時には「非国民」という罵声も浴びせかけられたのではなかろうか。ものに憑《つ》かれたかのように、連日、釣れない雑魚《ざこ》釣りに興じる外骨の態度は、まるで意地になってやっていたようにしか思えない。

絵葉書の編集といい、この雑魚釣りといい、いずれも外骨の趣味にもとづく一種の道楽だったことは間違いないが、あらゆる自由が封じられ「お国のため」ということだけが価値をもっていた戦時下という時代に、なんの役にも立たない、きわめて個人的な楽しみに情熱を傾けたということじたい、ひとつの強烈な時代批判になっている、といえるのではなかろうか。

それにしても、十六日の「晴　久しぶり東京行　ツリなし」の短い記述は明るくのどかで、苦々しくもばかげた、長い戦争から解放されてほっとした外骨の喜びが感じられて心地よい。

最晩年・死

昭和二十四年（一九四九）九月三十日、外骨は二三年間にわたり、心血を注いでその資料充実に力を傾けた明治新聞雑誌文庫を退職した。主任として着任いらい身分は変わらず、嘱託のままでの退職であった。退職と同時に、広告代理店博報堂社長瀬木博信氏の好意によって新築された、文京区駒込追分町三十番地の新居に、妻能子とともに住むことになる。四畳半に二畳、それに玄関と台所だけの小さな住まいであったが、老夫婦が二人だけで住むには手ごろな家といえなくもなかった。

昭和二十六年（一九五一）頃より足腰が不自由となり、臥床《がしょう》する日が多くなる。同三十年（一九五五）にはいると老衰化が著しくなり、病床で寝たきりの生活がつづく。

その年の七月二十八日午前三時三十八分、妻能子とその妹の輝子、輝子の長男で十歳の少年だった孝雄に看取られながら、駒込追分町の自宅で外骨は永眠した。連日の猛暑がつづくなかの、それでも日中の暑さにくらべれば比較的さわやかな朝、この稀代の硬骨漢は、眠ったまま安らかに息を引き取ったのであった。享年八十八歳（満年齢）であった。

当時、筆者は伯父である外骨の家に寄寓していたのだが、外骨は、臨終の前何日間かは眠ることが多くなっていて、眠りながら釣り糸の振り込みの動作をくり返すことがよくあったように記憶している。外骨が夢の中で釣り糸を垂れていたのは、はたしてどこの川だったのであろうか。

主要参考文献

宮武外骨『公私月報』（厳南堂書店、一八八一年）
松本健一『幻影の政府―曽根崎一八八八年』（新人物往来社、一九八四年）
赤瀬川原平・吉野孝雄編『滑稽新聞』全六巻・別巻一（筑摩書房、一九八五・八六年）
『宮武外骨著作集』全八巻（河出書房新社、一九八六〜九二年）
『学海日録』七・九巻（岩波書店、一九九〇・九一年）
吉野孝雄『過激にして愛嬌あり』（ちくま文庫、一九九二年）
吉野孝雄『宮武外骨』（河出文庫、一九九二年）
宮武外骨『予は危険人物なり』（ちくま文庫、一九九二年）
『宮武外骨　此中にあり』全二六巻（ゆまに書房、一九九三〜九五年）
『悟雪堂大機　その生涯と作品』（八十島昌夫・和子、一九九五年）
金丸弘美編『宮武外骨絵葉書コレクション』（無名舎出版、一九九七年）

なお、文中の引用文について、旧漢字を新漢字に改めたほか、読みやすさを考慮して、カタカナをひらがなに、旧かなづかいを新かなづかいに改め、適宜、句読点を補った。

あとがき

最初にこの本の執筆を依頼されたとき、正直にいってとまどいがあった。

宮武外骨については、これまでにさんざん書いてきて、書いておかなくてはと思うことがもうなくなった、と考えていたからである。だから、せっかくの話で残念だけれどもお断りするしかないと思った。

ところが、その後、担当者の方とお話をしたりしているうちに、少しずつ考えが変わってきた。最初に河出書房新社から宮武外骨の伝記『宮武外骨』を出してから、ほぼ二〇年が経過して、文庫になったその本も、今では絶版に近い状態になっている。その二〇年間に、私もやや歳をとり、若いときにはとらえにくかったものが見えてきたような気もしていた。また、その後、新しい事実もあれこれと判明してきて、それらのことは、あちこちの場所ですでに書いたものもあれば、まだ書いていないものもある。せっかくの機会だから、この際、もう一度外骨の全体像についてまとめておくことも必要なのではないか、と思ったのである。

しかし、ひとつの小さな事実がわかるにも、かなりの年月を要する場合が多い。だからというわけではないが、書き終わってみると、執筆前に考えていたのとはだいぶ違って、新しい事実がそれほど多く盛り込めたわけでもなかった。また、外骨像のほうも、歳を食ったわりには、二〇年前の見方から、少しも進歩していないようにも思える。言い訳めいてしまったが、どうやら、自分の不勉強を棚に上げて、もっともらしい理由を付ける悪い癖が、また頭をもたげてしまったようである。

今回、この本を書くにあたっては、どちらかといえば、外骨の「公」的な仕事について記述することに力を入れ、「私」的な側面については、できるだけ簡略な記述にとどめた。だが、以前の伝記では、あまり書くことができなかった外骨の周辺の人物についてはやや詳しく書いたつもりである。また、第二次世界大戦時の外骨の動向については、新しく発見された「日記」をもとに、とくに一章をもうけて記述した。しかし、全体のスペースとの関係から、『滑稽新聞』の時代のことと、明治新聞雑誌文庫の時代のことについては、きわめて重要な時代であるにもかかわらず、簡略な記述にとどめざるを得なかった。『滑稽新聞』のことについて詳しく書くには、さらに一冊分の分量が必要だし、明治新聞雑誌文庫のことについても、ほぼ同じようにかなりのスペースを必要とするからである。

『滑稽新聞』時代のことについては、拙者『過激にして愛嬌あり』が詳しく、そして、明治新聞雑誌文庫の創設からのいきさつについては、西田長壽氏の「明治新聞雑誌文庫の思い出」（ゆまに書房『宮武外骨此中にあり』第二十六巻に所収）が大変に詳細で、また正確と思われるので、興味のある方は、それらをあわせてお読みいただければさらによくご理解いただけると思う。

宮武外骨は、自分の著書や新聞・雑誌の中のあちこちに伝記的文章をたくさん書き残している。だから、外骨を知るには、本当は外骨が書いた文章を読むのがいちばんいいのである。とくに、『滑稽新聞』は、外骨の最も脂ののりきった時代の仕事であり、明治新聞雑誌文庫の仕事は、その生涯を集約する仕事といえるが、その時代のことを知るには、前述の西田氏の文章以外に、外骨自身の『公私月報』を読むのがいいのではないかと思う。そこには、昭和五年から十五年までの外骨の日記が掲載されていて、明治新聞雑誌文庫の資料充実にかける外骨の情熱が、手に取るように伝わってくるはずである。

最後に、この仕事をお引き受けしてから、身辺に実にさまざまなことが起こった。昨年の四月には勤務先の転勤があり、八月には入院中だった老母が亡くなった。そして十月には息子の結婚と、慶事と弔事があわせてやってくるようなストレスを体験し、とても原稿が書ける精神状態ではなくなってしまった。そのため、締め切りに原稿が間に合わず、担当者の方には大変ご迷惑をかける結果となった。また、今回新しく判明した『滑稽新聞』絵師の黒坊に関しては十亀忠義氏、また奴慾内については八十島昌夫氏のご教示によって、その実態が明らかになった。ここに記して、感謝の意を表しておきたい。

二〇〇〇年二月

吉野孝雄

著者紹介

一九四五年、東京都に生まれる
一九六八年、早稲田大学文学部露文科卒業
現在、千葉商業高等学校国語科教諭

主要著書

宮武外骨　過激にして愛嬌あり　飢えは恋をなさず　自由は人の天性なり

歴史文化ライブラリー
95

宮武外骨《みやたけがいこつ》
民権へのこだわり

二〇〇〇年(平成十二)六月一日　第一刷発行

著　者　吉《よし》野《の》孝《たか》雄《お》

発行者　林　英男

発行所　株式会社 吉川弘文館
東京都文京区本郷七丁目二番八号
郵便番号一一三―〇〇三三
電話〇三―三八一三―九一五一〈代表〉
振替口座〇〇一〇〇―五―二四四
印刷＝平文社　製本＝ナショナル製本
装幀＝山崎　登

歴史文化ライブラリー

1996.10

刊行のことば

現今の日本および国際社会は、さまざまな面で大変動の時代を迎えておりますが、近づきつつある二十一世紀は人類史の到達点として、物質的な繁栄のみならず文化や自然・社会環境を謳歌できる平和な社会でなければなりません。しかしながら高度成長・技術革新にともなう急激な変貌は「自己本位な刹那主義」の風潮を生みだし、先人が築いてきた歴史や文化に学ぶ余裕もなく、いまだ明るい人類の将来が展望できていないようにも見えます。このような状況を踏まえ、よりよい二十一世紀社会を築くために、人類誕生から現在に至る「人類の遺産・教訓」としてのあらゆる分野の歴史と文化を「歴史文化ライブラリー」として刊行することといたしました。

小社は、安政四年(一八五七)の創業以来、一貫して歴史学を中心とした専門出版社として書籍を刊行しつづけてまいりました。その経験を生かし、学問成果にもとづいた本叢書を刊行し社会的要請に応えて行きたいと考えております。

現代は、マスメディアが発達した高度情報化社会といわれますが、私どもはあくまでも活字を主体とした出版こそ、ものの本質を考える基礎と信じ、本叢書をとおして社会に訴えてまいりたいと思います。これから生まれでる一冊一冊が、それぞれの読者を知的冒険の旅へと誘い、希望に満ちた人類の未来を構築する糧となれば幸いです。

吉川弘文館

〈オンデマンド版〉
宮《みや》武《たけ》外《がい》骨《こつ》
民権へのこだわり

On Demand
歴史文化ライブラリー
95

2017年（平成29）10月1日　発行

著　者　吉《よし》野《の》孝《たか》雄《お》
発行者　吉川道郎
発行所　株式会社　吉川弘文館
〒113-0033　東京都文京区本郷7丁目2番8号
TEL　03-3813-9151〈代表〉
URL　http://www.yoshikawa-k.co.jp/

印刷・製本　大日本印刷株式会社
装　幀　清水良洋・宮崎萌美

吉野孝雄（1945～）

ISBN978-4-642-75495-8